Torkild Hinrichsen

# *Alle Engel dieser Erde*

Auf den irdischen Spuren
eines himmlischen Phänomens

Mit einem Vorwort
von Gerhard Kaufmann

Altonaer Museum in Hamburg – Norddeutsches Landesmuseum

Husum

Erschienen anlässlich der gleichnamigen Ausstellung im Altonaer Museum von Torkild Hinrichsen und Regina Meinecke mit freundlicher Unterstützung der Hamburger Feuerkasse.

Herausgeber:
Prof. Dr. Gerhard Kaufmann und Dr. Torkild Hinrichsen
für das Altonaer Museum in Hamburg – Norddeutsches Landesmuseum – Stiftung öffentlichen Rechts

Fotographie: Silke Lachmund und Dr. Torkild Hinrichsen
sowie einige Hersteller, Sammler, Künstler und andere Museen:
Silke Lachmund (SL): Titel, S. 72, 73, 75, 78, 79
Torkild Hinrichsen (Hi): S. 8, 12, 18, 29, 35, 38, 41, 44, 50, 57, 63 u., 65, 67, 69, 76
Musée de Louvre, Paris: S. 14
Hotel Dieu, Beaune: S. 21
Wallraf-Richartz-Museum, Köln: S. 16
Alte Pinakothek, München: S. 17
Gemäldegalerie Alte Meister, Dresden: S. 28
Wendt & Kühn, Grünhainichen: S. 52
Günter Reichel, Pobershau: S. 59
Werner Bokelberg: S. 70
Ulrike Bunzel-Hinrichsen (UBH): S. 26
Waltraud Orth: S. 82

Titelbild: Installation auf Basis von Raffaels Madonna Sixtina, Dresden, unter Verwendung von einem Leuchterengel (Erzgebirge) und zwei Glanzbildern (um 1920). Idee: Regina Meinecke, Torkild Hinrichsen. Textilien: Greta Oswald. Foto: Silke Lachmund.
Umschlagrückseite: unter Verwendung von Wendt & Kühn-Figuren „Reich bemalte Engel mit Lichternapf und Violine“.

Objekte, soweit nicht anders angegeben, aus den Sammlungen des Altonaer Museums. Leihgaben von:

Sammlung Hinrichsen: S. 8, 10, 12, 31, 32, 33 li. o., u. u., 41
Sammlung Pastor Rolf Slot-Henriksen (RSH): S. 33 re. o., re. u.
Sammlung Alix Paulsen (AP): S. 72, 73, 75, 76, 78, 79

Historische Fotos und Graphiken:
Archiv des Altonaer Museums

Zeichnungen von Torkild Hinrichsen: S. 24, 25, 37

Dem Band beigefügt ist eine Engelsoblate der Firma Ernst Freihoff, Coesfeld.

Diktat-Transskripte des Textes: Heidemarie Katzmann
Lektorat: Ursula Richenberger
Objektbetreuung: Burkhard Jodat, Klaudia Bohnhoff
Restauratorische Betreuung: Andrea Reutter
Beschaffung von Farbvorlagen anderer Museen: Helge Knüppel

Das Altonaer Museum dankt Herrn Wolfgang Poppelbaum, Herrn Dr. Hartwig Essert und der Hamburger Feuerkasse für die freundliche Unterstützung des Projektes.

Die Deutsche Bibliothek – CIP-Einheitsaufnahme

Ein Titeldatensatz für diese Publikation ist bei
Der Deutschen Bibliothek erhältlich


Satz und Lithographie: Fotosatz Husum GmbH
Druck und Verarbeitung: Husum Druck- und Verlagsgesellschaft
Postfach 1480, D-25804 Husum – www.verlagsgruppe.de
ISBN 3-88042-960-X

*Die Heilige Weihnacht: Das Engelständchen, Xylographie nach Zeichnung von Theodor Mintrop. Aus: Über Land und Meer, um 1890. (AM)*

# DIE ENGEL DIESER ERDE

Unsere Vorstellungen von Engeln werden heute vor allem von der Weihnachtsgeschichte und von deren Säkularisierung geprägt. Es sind besonders die Sätze des Lukas-Evangeliums, die die Maler inspiriert haben, deren Bilder, wenngleich meist unbewusst oder ganz verschwommen, selbst bei kirchlich Ungebundenen lebendig geblieben sind. Da heißt es, bezogen auf die Hirten auf dem Feld, in Vers 9 und 10: „Und siehe, des Herrn Engel trat zu ihnen, und die Klarheit des Herrn leuchtete um sie; und sie fürchteten sich sehr/ Und der Engel sprach zu ihnen ‚Fürchtet Euch nicht! Siehe, ich verkündige Euch große Freude, die allem Volk widerfahren wird ...' Und in Vers 13 und 14 folgt dann: „Und alsbald war bei dem Engel die Menge der himmlischen Heerscharen, die lobten Gott und sprachen/ Ehre sei Gott in der Höhe und Friede auf Erden und den Menschen ein Wohlgefallen!" Unendlich viele Rauschgoldengel verdanken ihre Existenz diesem Bericht ebenso wie die gedrechselten Lichterengel des Erzgebirges. Und noch weit mehr Engel auf Weihnachtspostkarten bezogen und beziehen noch heute aus ihm ihre Legitimation, auch wenn sie inzwischen vielfach zu Kaufrausch-Engeln und verheißungsvollen Liebesengeln geworden sind.

Es lag somit nahe, gerade für eine Weihnachtsausstellung das Thema Engel aufzugreifen, auch wenn es den weihnachtlichen Rahmen kraftvoll sprengt. Denn dieser „Bote", übersetzt aus griechisch „angelos", tritt als Mittel- und Mittlerwesen zwischen Gott und Mensch in verschiedenenartigster Gestalt bei weitaus mehr Gelegenheiten als bei der Geburt Christi auf. Von Engeln der verschiedensten Funktionen berichtet das Alte Testament seit der Vertreibung Adams und Evas aus dem Paradies, das seitdem vom Cherub bewacht wird, und Wesen, die den Engeln der Bibel gleichen oder ähnlich sind, finden sich auch außerhalb der jüdisch-christlichen Glaubensvorstellungen. Solcher Engel-Vielfalt versucht diese Publikation nachzugehen. Sie erscheint anlässlich unserer zehnten Weihnachtsausstellung, doch wie alle begleitenden Kataloge zu den vorangegangenen Ausstellungen ist sie ebenfalls konzipiert zu längerfristigem Nutzen.

Unsere ersten Weihnachtsausstellungen, beginnend 1991, standen noch ganz unter dem Eindruck der deutschen Wiedervereinigigung. Sie ermöglichten durch Recherchen vor Ort und Kontakte zu den dortigen Werkstätten, umfassende Einblicke zu geben in die traditionsreiche erzgebirgische und thüringische Spielzeugproduktion, die bis zum Zweiten Weltkrieg in ganz Deutschland und darüber hinaus auch in weiten Teilen Europas und Nordamerikas Kinderherzen erfreut hatte. Da dabei Hamburg immer eine aktive Rolle als wichtigster Exporthafen gespielt hatte, fühlten wir uns umso mehr verpflichtet, diese Zentren der Spielzeugproduktion erneut auch im Westen Deutschlands besser bekannt zu machen. Zusammen mit den gleichzeitig etablierten Kunsthandwerkermärkten, die die Ausstellungen begleiteten, sind wir dabei sehr erfolgreich gewesen, sodass unser Publikum inzwischen alljährlich große Erwartungen hegt.

Bei dem Thema „Engel“ ist es auch für eine kulturgeschichtliche Ausstellung selbstverständlich, dass Hinweise auf die Vorbilder gebende „Große Kunst“ nicht fehlen können. Allerdings haben wir uns dabei schon aus Kostengründen, aber auch, weil viele der bekannten Gemälde und Skulpturen mit Engelsdarstellungen gar nicht ausleihbar sind, auf Kopien und Reproduktionen beschränkt. Der Schwerpunkt der Ausstellung sollte von vornherein auf den popularisierten Vorstellungen von Engeln und deren Darstellungen liegen und dabei allerdings weihnachtliches Brauchtum mit und um Engel in jenen populären Personifikationen in den Vordergrund stellen. Das ist zum großen Teil mit der eigenen Sammlung des Museums möglich geworden, hinzu kommen einige beachtliche Leihgaben, für die wir den im Impressum aufgeführten Leihgebern sehr dankbar sind. Hingewiesen sei besonders darauf, dass ein großer Anteil solcher volkstümlicher Engelsdarstellungen auf gedrehte Figuren vor allem aus dem Erzgebirge, aber auch aus Thüringen entfällt und dass ein großer Anteil an populären Druckerzeugnissen mit Engeln – Oblaten und Postkarten vor allem – in den seinerzeit führenden Druckereien Sachsens und Berlins entstanden. Andererseits zeigen die Erzeugnisse aus Süd- und Westdeutschland gerade zusammen mit jenen aus dem östlichen Deutschland, wie bei allen Unterschieden etwa zwischen Rauschgoldengeln und gedrechselten Engeln, zwischen Krippen mit geschnitzten, gedrechselten und aus Papiermaché oder Pappe gefertigten Figuren die populäre Vorstellungwelt zu Engeln insgesamt über ganz Deutschland – und oft darüber hinaus – doch sehr gleichartig war und ist. Dieser gesamtdeutsche Aspekt ist somit zehn Jahre nach der Wiedervereinigung sehr willkommen.

Wie in den vergangen Jahren lagen Konzeption, Zusammenstellung und Gestaltung der Ausstellung in den bewährten Händen meines Kollegen Torkild Hinrichsen, der dabei wieder tatkräftig von Regina Meinecke unterstützt wurde. Sie hat darüber hinaus erneut die Mühen auf sich genommen, eine große Zahl von Kunsthandwerkern zur Teilnahme an dem die Ausstellung begleitenden Markt zu bewegen und die Läden für Spielzeug, Christbaumschmuck und Modeschmuck mit attraktiver Verkaufsware zu füllen. Beiden sei wie den vielen studentischen Hilfskräften und den ehrenamtlich Tätigen in den Läden herzlich gedankt. Großer Dank gebührt auch der Hamburger Feuerkasse, die uns erneut mit einer Spende finanziell unter die Arme gegriffen hat, und dem Husum Verlag, der wie etliche frühere Publikationen des Altonaer Museums auch dieses Buch in sein Verlagsprogramm aufgenommen und uns somit sehr entlastet hat.

*Gerhard Kaufmann*

# Die Spuren der Engel

Und es hat jeder seinen Engel. Und lasse zu, dass er ihn habe. Er kommt, wenn wir ihn brauchen, ja bevor wir ahnen, dass wir ihn brauchen könnten. Er kommt, wenn wir ihn rufen, nicht laut, wie Menschen vernehmlich, sondern mit dem Herzen. Er ist in uns, er ist mit uns, alle Tage. Jeder hat seinen Engel, in jedweder Gestalt. Engel sind nicht immer wie die Engel in unserer Weihnachtsstube, geflügelt und herausgeputzt. Wahre Engel sehen oft ganz anders aus. Gar nicht wie Engel. Der Nachbar kann ein Engel sein, die Schuhverkäuferin und der Müllmann. Vielleicht wissen sie es noch gar nicht, sondern entdecken dies wahre Ich erst, wenn sie über sich hinauswachsen müssen, um ein Unglück zu verhindern.

Gibt es Engel? Es gibt sie. Viele haben sie gesehen. Seit Anbeginn der Zeit. Einige haben davon erzählt und sind bewundert worden als Auserwählte, die des Segens Gottes und seiner Engel teilhaftig wurden. Einige haben davon erzählt, und es ist ihnen schlecht bekommen, weil diejenigen, die offiziell dazu bestellt waren, so etwas wie Engel zu sehen, keine solchen Gesichte hatten, und so gefährdeten die nicht gesehenen Engel ihre Stellung in der Welt. Es gab Zeiten, wo die Engel vergessen wurden. Nicht, weil sie nichts zu tun gehabt hätten, und nicht, weil sie von niemandem gesehen wurden, sondern weil man nichts über sie schrieb und keine Bilder machte, jedenfalls nicht in der hohen Kunst, die die Kunst der Offiziellen ist. Und so waren sie nur anwesend in der Kunst für den Alltag, in der Kunst für die einfachen Menschen, für die ein Engel ein Engel ist. Sei er im Öldruck, sei er in Ton, sei er in Plastik oder als Seife auf der Badewanne. Heute aber sind die Engel wieder offiziell da. Es gilt geradezu als schick, sie erlebt zu haben. Und einige, die davon berichten, haben es bestimmt nicht verdient, einen Engel zu sehen. Engel sind so sehr präsent, dass die Produktwerbung sich der Engel in großem Maße bedient. Nicht derart, dass nun die Engel dies Produkt empfehlen würden, sondern um uns glauben zu machen, man erwürbe mit dem Ding auch einen kleinen Zipfel vom Gewand des netten Engels, der die Dinge anpreist, oder die Nutzung des gekauften Engels gebe uns ein engelisches Gefühl oder eine engelische Sehweise.

„Die Fragen nach dem Sinn an Arbeit und Produktion, nach den Grenzen der Macht, dem Wesen des Fortschritts und dem Zuschnitt der Gesellschaft müssen neu gestellt werden. Erst die Negierung einer höheren Macht hat die totalitäre Macht des Menschen möglich gemacht. Die ausschließliche Diesseitigkeit, der totalitäre Positivismus, der sich nur mit der Oberfläche der Dinge beschäftigt und jede Tiefendimension vermissen läßt, kann als einzige Sinngebung auf die Dauer nicht befriedigen." (Marion Gräfin Dönhoff: Deutsche Weihnachten 1999).

Die Frage, ob es Engel gibt oder nicht, führt uns auf die weite Ebene, die sich zwischen Glauben und Wissen breitet. Das naturwissenschaftlich berechnete und erklärte Weltbild macht das Gesamtsystem des Wirklichen aus. Wahr ist, was sich naturwissenschaftlich erklären lässt. Das hat auch evangelische Theologen dazu verführt, sich gegen die katholischen abzusetzen und die Existenz von Engeln ebenso wie das Geschehen von

Wundern aus dem Bereich des Möglichen zu streichen. Nutzen wir hingegen eine andere Erkenntnisart wie etwa den Glauben, sind Gott, seine Engel, der Himmel hiernach, durchaus vorhanden. Denn dieser Glaube bindet sich weder an unsere noch an eine andere Zeit. Diese Wirklichkeit von Gott und seinen Engeln ist unbeschreiblich. Sie lässt sich mit irdischen bzw. menschlichen Mitteln nicht fassen, nicht darstellen und nicht erklären. Unsere Sprache reicht nicht hin. Dabei gibt es Kommunikation zwischen den Engeln und den Menschen. Der Streit, ob Engel sprechen können, wogte über Jahrhunderte. Er geht am Kern vorbei. Denn die Engel sind um und in uns. Sie teilen sich uns ebenso wirksam, unhörbar mit, wie sich Kommunikation unsichtbar und unhörbar mit den modernen elektronischen Mitteln herstellen lässt. Wie der Leib der Engel von aller Stofflichkeit frei ist, so ist es auch seine Möglichkeit, sich bemerkbar zu machen und mit dem Menschen zu kommunizieren. Der Erfahrungsbereich der Menschen ist so beschränkt, dass seine Vernunft die Existenz der Engel nicht zu fassen vermag. Seine Erfahrung mit Engeln, Berichte von Menschen, die ihrer teilhaftig wurden, sprechen aber für sich.

Das Erfahrungsprinzip stammt von Aristoteles. Auch seine Gegner haben es genutzt. Nur durch empirische Beobachtung kann man zu einem wahren Wissen über die Natur gelangen und über alle äußeren Dinge. Diese induktive Methode wurde mehr und mehr verbreitet, wobei man von der Beobachtung einer großen Anzahl von Einzelfällen auf generelle „Gesetze" schließt. Nun steht aber die Beobachtung von Engeln außer Zweifel. Es gibt Hunderte von Berichten, auch aus neuester Zeit, von Menschen, die im Augenblick einer schweren Krankheit Begegnungen mit Engeln hatten. Es gibt andere Berichte von Menschen, die an einem Unfall unmittelbar vorbeigekommen sind, ebenfalls mit Hilfe von Engeln, die ihn verhinderten. Jeder zweite Deutsche ist (laut der Katholischen Nachrichtenagentur) von der Existenz von Engeln überzeugt und dass er auch einen persönlichen Schutzengel habe. Nach einer Umfrage von Forsa hat jeder zehnte Erwachsene eine Begegnung mit einem Engel gehabt. Schon um 1995 glaubten sieben von zehn Amerikanern an Engel, und drei von zehn hatten schon Engel gesehen oder sogar gefühlt. Dass die Engel in Deutschland weniger tätig sein sollten, ist unwahrscheinlich. Aber hier gibt es nur einer von zehn Beobachtern zu.

Im vierten Jahrhundert verbot die Synode von Loadicea, dass Christen die Engel verehren oder gar einen Engelskult schaffen. 745 warf das Konzil von Rom den Erzengel Uriel kurzerhand aus dem Himmel, in der Meinung, damit einen Dämonen unschädlich gemacht zu haben. Dieses Konzil war einberufen von Bonifatius, dem Apostel der Deutschen, offenbar um die Verehrung von Elfen und anderen übernatürlichen Waldwesen einzudämmen und den Versuch zu machen, sie durch Michael, Gabriel und Raphael zu ersetzen.

Eine Studie des BAT-Freizeit-Forschungsinstituts kam jüngst zu folgendem Ergebnis: Uns Deutschen seien „Kirche und Religion genauso wichtig im Leben, wie Aldi oder Adidas (je 22 %), und in der persönlichen Wertschätzung rangiert die Bibel (19 %) nur knapp vor Coca Cola (18 %) und McDonald's (15 %). 1994 gehörten in Westdeutschland noch 80 % der Bevölkerung zu einer christlichen Kirche, in Ostdeutschland hingegen nur 29,3%. Aus katholischer Sicht ist in Deutschland vielerorts, so die Meinung von Bischof Karl Lehmann, keine Neu-Evangelisierung, sondern eine Erst-Evangelisierung nötig, also regelrechte Missionstätigkeit. Seltsam, dass sich in dieser Luft die Engel bewegen können.

Die Verweltlichung unserer Gesellschaft bestätigt durchaus Nietzsches These „Gott ist tot". Gottes Hilfe ist unnötig, göttliche Fügung nicht erforderlich. Selbsthilfe und Selbstverwirklichung bestimmen das Leben. Keine „höhere Gewalt“. Der Ablehnung von Gottes-Glauben entspricht jedoch seltsamerweise nicht die Abkehr von jeder Religiösität, eher die Abkehr von einer Art Staatsreligion, der sozusagen offiziellen, die mit der weltlichen Macht eng verknüpft ist und der die weltliche Macht Hilfestellung gibt, etwa durch das Einkassieren von Kirchensteuer. Die Entwicklung scheint in die Richtung eines Rückzuges des Menschen auf sozusagen private Spiritualität hinauszulaufen, die es ohnehin im Untergrund schon immer gegeben hat: Beschwörungen, Horoskope, Fruchtbarkeitszauber, Heilpraktiker, Gurus, Esoterik usw. Meist gibt es nicht einmal einen offiziellen Namen dafür, weil diese Sachen ganz privat sind und ihres Zaubers verlustig gehen, wenn man sie offiziell macht. Das Verlangen nach gemeinsamem Erleben jedoch macht dann den (oft auch geschäftlichen) Erfolg von vielen Psychotechniken aus.

Allgemein lässt sich beobachten, dass zwar noch 71% der bundesdeutschen Bevölkerung zu offiziellen Kirchen gehören, diese aber zunehmend als eine Art Dienstleistungsbetriebe für religiöse Zeremonien auf Abruf missverstanden werden. Die Mitglieder erhalten als Gegenleistung für ihre Kirchensteuer Taufe, weiße Hochzeit und kirchliches Begräbnis. Dabei ist der offizielle kirchliche Apparat gewaltig. Beide Konfessionen haben zusammen ungefähr 42 000 Geistliche. Dazu kommen die caritativen Konzerne und Sozialeinrichtungen wie die evangelische Diakonie mit 326 877 Mitwirkenden und die Caritas mit 407 561 Mitarbeitern (1992).

Klaus-Peter Jörns, Leiter des Instituts für Religionssoziologie der Berliner Humboldt-Universität, hat jüngst eine große Untersuchung darüber durchgeführt, was die Menschen heute wirklich glauben. 1924 Erwachsene, Schüler und Studenten, vornehmlich aus Dörfern und Stadtteilen, wurden mit 133 Fragen nach ihrem Glauben an einen Gott oder andere Wesen, nach der Art ihres Kontaktes mit diesen und über ihre persönlichen Lebensumstände befragt. Die Mehrheit glaubte tatsächlich noch an einen persönlichen Gott. Jeder fünfte Protestant und jeder vierte Katholik jedoch glaubte nicht mehr an Gott. Während der Glaube an Auferstehung und Erlösung zunehmend verloren geht, nimmt dafür der Glaube an übernatürliche Wesen zu. An Geister, oder besonders an Engel, die als „Assistenten“ einer wie auch immer beschaffenen Gottheit anzusehen sind. Das Bewusstsein einer solchen höheren Macht wird oft in der Natur erfahren, wo der Gedanke einer Schöpfung „eher“ erfahrbar ist als in der Großstadt. Wichtig war es vielen Befragten, einen Rat für die persönliche Lebensgestaltung zu erhalten, was dem persönlichen Glück dienlich sei oder was als gefährlich gemieden werden müsste. Diese selbst gemachte Religiösität kann mit dem jeweiligen Ziel mehrmals im Leben wechseln, der Lebenssituation angepasst.

Dem entspricht die Beobachtung, dass den Deutschen „Vorbilder“ fehlen. Zur Mitte des Jahres 2000 haben nur noch 31% der Bundesbürger einen anderen Menschen, an dem sie ihr Leben orientieren können. 69 % können kein Vorbild benennen. Das gilt für Menschen über 60 Jahre und für solche unter 30. Eltern (33 %), Politiker (9 %) und Sportler (4 %) haben noch Vorbildcharakter, und dazu kommen Prominente, wie Roman Herzog, Helmut Schmidt, Bill Gates oder Mutter Theresa. Engel wären auch eine gute Möglichkeit der Lebensorientierung gewesen, denn diese wird von vielen tatsächlich praktiziert. Forsa hat das jedoch nicht erfragt.

Jenseits des Wirklichen und des Unwirklichen gibt es eine dritte Möglichkeit, zu der die Engel gehören können. „Wir nähern uns immer dann dem Territorium der Engel, wenn wir von polivalenter Logik sprechen, von kognitiven Fähigkeiten, die sich sowohl von sinnlichen

*Engelhafte Daunenfeder (Seemöwe). (Hi)*

Erfahrungen, als auch von intellektuellen Erkenntnissen unterscheiden" (Andrei Plesu). „Denn der Engel siedelt im Bereich des Imaginalen, des mundus imaginalis, der Welt der Seele, der Vorstellungskraft, der Vision der Offenbarungen, in der wir etwas erschauen, das wirklich ist, ohne wirklich zu sein, das uns inspiriert, weil es von oben oder von vorne oder von ferne aus der Zukunft kommt. Jenes Reich der Erfahrung, in der das gewöhnliche Denken, ein Erkennen des Subjekts bestehe, einem zu erkennenden Objekt gegenüber, nicht gilt." (Geuter, 2000). Da Engel kein Objekt sinnlicher Wahrnehmung sind, kann unser Bewusstsein sich die Engel auch nicht recht vorstellen.

Die meisten großen Reliquiensammlungen sind aufgelöst. Aber jede, die auf sich hielt und der Notwendigkeit nachkam, möglichst viele fromme Besucher anzuziehen, besaß auch direkte Belege für die wunderbare Existenz der Engel. Etwa Federn aus den Flügeln der Erzengel. Wundersamerweise waren nämlich Engelsteile bzw. Reste sichtbar, im Unterschied zum allgemeinen Erscheinungsbild des jeweiligen Engels selbst. Mit diesen Dingen wurde zwischen den einzelnen Sammlungen ein reger Handel getrieben, in den sich zunehmend auch private, weltliche, fürstliche Sammler für die Vervollständigung ihrer Wunderkammern mischten. Oftmals unter Aufwand sehr bedeutender Summen. Die faszinierende Stimmung bei diesen Transaktionen ist durchaus ähnlich dem Angebot der ersten Raumfahrtauktion am 18. September 1999 durch die New Yorker Niederlassung von Christie's. Nicht weniger als 300 Objekte, die Hälfte davon aus dem Besitz eines anonymen Sammlers: Darunter der Raumanzug, in dem Jurij Gagarin steckte, als er 1961 in der Wostok-Kapsel als erster Mensch ins All geschossen wurde ($^1/_4$ Mio. Dollar Schätzpreis). Die Handschuhe der Gemini-Besatzung aus aluminiumverstärktem Nylon (7000 Dollar) usw. Fast alle Stücke waren wirklich einmal im All. Viele sogar auf dem Mond, und echter Mondstaub haftet ihnen an. Fetzen von Engelsgewändern mit echtem Sternenstaub hätten gut in diese Kollektion gepasst.

Mitunter verrät sich die Anwesenheit von Engeln Menschen, die etwa aus familiärem Anlass in einer Stube zusammensitzen und denen der Gesprächsstoff ausgegangen ist. Denn wenn die Stille eintritt, hat man seit langer Zeit gepflegt zu sagen, ein Engel ginge durch die Stube. Möglicherweise geht die Wendung auf den jüdischen Ritus in der Passah-Nacht zurück. Auf deren Höhepunkt wurden die Gläser mit schwerem Portwein gefüllt. Ein Glas war größer als die anderen, daraus sollte Gottes Engel kosten, wenn er in die Stube der jüdischen Familie eintrat. Alle Lichter mussten dafür gelöscht werden, und die spannungsvolle Stille lastete auf allen, bis der Engel dagewesen war. Dann erst konnte wieder Licht gemacht und die Mahlzeit beendet werden. Einen Zusammenhang muss es auch geben mit der Bemerkung Plutarchs (46–120 n. Chr.) über Geschwätzigkeit: „Tritt in eine Gesellschaft unvermittelt Stille ein, sagt man, Hermes sei hereingekommen." Der war, wie wir wissen, nicht nur geflügelt wie ein Engel, sondern ebenfalls ein Bote. Da ihm bei Opferungen die Zunge der Tiere zufiel, glaubte man, er habe den Menschen bei dessen Erschaffung mit einer Zunge (bzw. der Sprache) ausgestattet.

Engel übermitteln „dem Menschen die Zeichen Gottes und Gott die Gebete des Menschen. So verwandeln sie den Abgrund zwischen Gott und dem Menschen in einen Raum der Verständigung“. (Andrei Plesu). „Was an vorjüdischen und vorchristlichen Genien und Götterboten von zeitüberdauernder Wirklichkeit ist, lebt in den biblischen Engeln fort. Dies ist der Grund, warum sich in ihren Gestalten Wesenszüge und Bildformen von babylonischen, ägyptischen und griechischen Göttern und Götterboten widerspiegeln: In den lieblichen Engeln erstehen die älteren heidnischen Götter-

*Der Schutzengel, Xylographie nach Zeichnung von C. Stauber, um 1900. (AM)*

*Erzengel Michael als Hüter der Pforte zur Hölle, wo er den Teufel unter Verschluss hält. Holzschnitt von Albrecht Dürer aus der Apokalypse von 1498, 39,3 x 28,3 cm. (Hi)*

boten in geläuteter Weise wieder. Doch im Gegensatz zu den vielen Herren der heidnischen Boten ist es in der Heiligen Schrift nur ein Herr, der die Engel sendet." (Alfons Rosenberg, 1967). Außer dem Christentum kennen auch die beiden anderen großen Religionen, Judentum und Islam, die Engel. Die hauptsächlichen Informationen zu ihrem Wirken liefern aber nicht nur Bibel und Koran, sondern vor allem die nicht offiziellen biblischen Bücher, die Apokryphen und andere als „häretisch" verdammten alten Schriften. Etwa die Schriften Henoch aus dem zweiten vorchristlichen Jahrhundert.

In der frühen christlichen Kunst wird der Engel, den biblischen Quellen folgend, als Mann dargestellt. Er ist unbärtig, ungeflügelt und trägt Tunika und Pallium. Seit der Wende vom 4. zum 5. Jahrhundert kommen Flügel, mitunter auch ein Heiligenschein hinzu. Die karolingische Kunst verwendet Engel mit und ohne Flügel. In ottonischer Zeit wird daraus dann eine imposante Erscheinung mit großen Flügeln. Seit romanischer Zeit zeigen die Engel in der Kunst zunehmend menschliche Züge. Den Höhepunkt erreicht ihre Gestaltung schließlich in der Plastik der französischen gotischen Kathedrale, ein Abbild höfischer verfeinerter Schönheit. Gleichzeitig entsteht der kindliche Engel. Giotto gestaltet zuerst nackte Kleinkinderengel, wobei er offensichtlich sich an antiken Putten orientiert.

Im Laufe des 14. Jahrhunderts ist in der Malerei eine zunehmende Verweltlichung des Engelbildes zu beobachten. Etwa bei der Szene der Verkündigung, wo Raphael vor Maria kniet. Die Renaissance verstand es in der Folge, das Engelsbild den modischen Idealen der Zeit anzupassen. Besonders in Florenz erhält der Engel androgyne Züge. Im 15. und 16. Jahrhundert überschneidet sich die Erscheinung des Engels teilweise mit der von Amor. Der Barock macht die Engel dann zu Gefährten des Menschen, wobei sie teilweise ihre Flügel einbüßen. Das Rokoko lässt ganze Myriaden spielender nackter Putti los. Im 19. Jahrhundert schließlich ist die massenhafte reproduktive Graphik das Tummelfeld für Engel als Personifikationen der unterschiedlichsten menschlichen Gefühle von Trauer, Freude, Liebe usw.

Marc Chagall ist in unserem Jahrhundert wohl der Künstler, der die meisten Engelsbilder geschaffen hat.

Wir können uns sein Werk ohne sie gar nicht vorstellen. Sei es nun der „Engel des Liebespaares“ oder der „Engel des Malers“, seine Muse und Inspiration. Engel tauchen in seinem Werk seit 1906 auf, nachdem er 1905 in St. Petersburg, wo er in großer Armut lebte, eine Engelvision hatte: „Plötzlich öffnete sich die Zimmerdecke und ein geflügeltes Wesen schwebte hernieder mit Glanz und Gepränge und erfüllte das Zimmer mit wogendem Dunst. Es rauschten die schleifenden Flügel. Ein Engel! denke ich. Ich kann die Augen nicht öffnen. Es ist zu hell, zu gleißend. Nachdem er alles durchschweift hat, steigt er empor und entschwindet durch den Spalt in der Decke, nimmt alles Licht und Himmelsblau mit sich fort.“ (Marc Chagall: Mein Leben, Stuttgart 1959).

Michael Seeres, ein französischer Philosoph, deutet die heutigen Engel als Metaphern unseres Zeitalters der Kommunikation. „Wir leben im Zeitalter der Engel, weil wir im Zeitalter der Botschaften leben. Heute wissen wir, dass ein Wetterphänomen in Australien Auswirkungen in Europa haben kann. Wir haben gelernt, unseren Planeten als ein Netzwerk der Kommunikation zu sehen, und ihn mittlerweile mit dem Internet umspannt. Der Austausch von Botschaften ist sinnlich nicht mehr vorstellbar. Dafür braucht auch das Bild des Engels keinen leiblichen Träger mehr. Der moderne Engel legt seine Flügel ab und wird zur reinen Botschaft, zur Energie“. (Psychologie heute, 7/2000)

*Traum einer Mutter, Stahlstich nach dem Gemälde von Th. Brooks, um 1870. (AM)*

Diese energetische Botschaftsübermittlung wird besonders von der Jugend praktiziert. Fast jeder fünfte Junge zwischen 14 und 17 Jahren telefoniert nur mobil (bei den Mädchen 13 %), und jeder zweite Jugendliche in diesem Alter wünscht sich ein Handy. Bei den 6- bis 9-jährigen haben bereits 7 % ein eigenes, und 18 % der Jungen bzw. 9 % der Mädchen wünschen sich eins. Im Internet „surft“ jeder Dritte zwischen 6 und 17 Jahren bereits häufig. Jugendliche und Erwachsene stehen auf der Straße, eine kleine schwarze Box am Ohr, und sprechen mit einem offensichtlich unsichtbaren Gegenüber. Dazu gestikulieren sie, als stünde dieser Unsichtbare unmittelbar vor ihnen und nicht Kilometer entfernt, akustisch verbunden durch unsichtbare Wellen. Diese Unterhaltungen mit Unsichtbaren bzw. das Einholen von Informationen aus dem Nichts hat dazu geführt, dass bereits 30 Hamburger Schulen das Mitbringen von

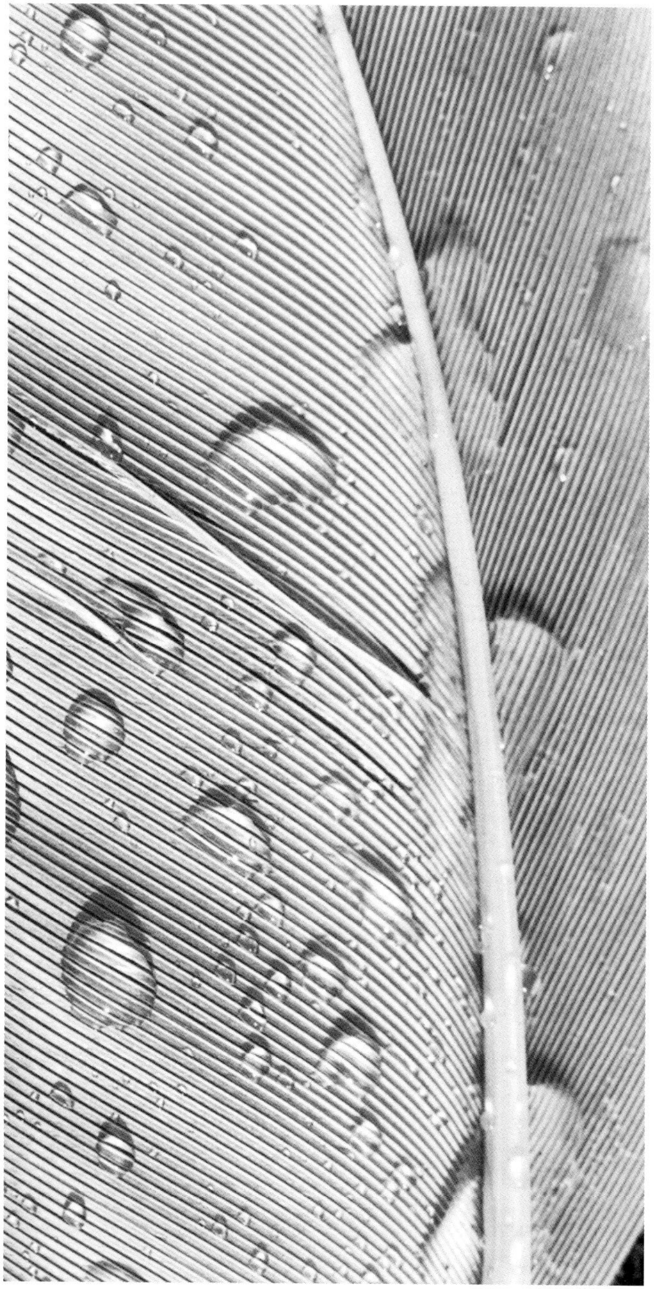

*Flügelfedern sind Wasser abweisend (Möwe), 2000. (Hi)*

Handys verboten haben, auch weil zunehmend unsichtbare Helfer mit häuslichen Nachschlagewerken oder aus der örtlichen Bibliothek das Ergebnis von Klassenarbeiten drahtlos zu verbessern suchten. Monatsrechnungen von DM 200,– werden von Jugendlichen zwischen 15 und 24 Jahren als normal angesehen. Um allerdings Verbindungen mit einem echten Engel aufzunehmen, braucht man noch nicht einmal ein solches Gerät, keine Mobilfunkanbieter und keine Gebühr.

Der Psychoanalytiker Helmut Hark rät seinen Patienten in seelischer Not, sich einfach an Engel zu wenden: „Ich definiere die Engel gerne als eine geistige Kraft oder als eine spirituelle Energie, die dem Menschen helfen kann, in seinen Ängsten, in seinen Nöten, in seinen Sorgen, so etwas wie gute heilende Kräfte zu erfahren – ob er das ‚Engel' nennt oder ob er das ‚Heilkräfte aus dem Selbst', diese Worte sind dann relativ."

Es gibt heute beliebte „channeling-Kurse", in denen die Teilnehmer über ein Medium von den Engeln Nachrichten und Ratschläge erhalten. Gloria Warning hält solche Sitzungen ab: „Ich gehe in Meditation, in meine Mitte, werde ganz still und ruhig, gehe zu mir selbst in mein Herz hinein, um mich dann zu öffnen für die höheren geistigen Ebenen, in denen Engel sich aufhalten, im Feinstofflichen. Und dann spüre ich Energie, lasse die Energie fließen, und wenn ich meinen Körper ganz loslasse, spüre ich, was ich für einen Menschen in Worte zu fassen habe." (Geuter, 2000).

Sehr vielen Menschen bekannt wurde dieses Verfahren durch die ARD-Sendung „Boulevard Bio" vom 7. März 2000, 23 Uhr, wo Alfred Biolek sich mit der „Engel-Dolmetscherin" Alexa Kriele unterhielt. Sie berichtete dort über ihre Erfahrungen und stellte die ersten Bände der geplanten fünf ihres Grundlagenwerkes

„Engel-Kunde" vor: „Ich bin nichts anderes als eine Simultan-Dolmetscherin. Die Engel teilen mit, was sie gesagt haben wollen, und ich fasse das in Worte." Dabei ist der Engel Elion ihr persönlicher Berater. Sie gibt in entsprechenden Seminaren ihre Erfahrungen zu gemeinsamem Engelerlebnis weiter. Dies beginnt mit Gebeten, dann Fragen der Teilnehmer und schließt mit der Antwort der Engel durch Alexa Kriele als Sprachrohr. Ihr Ehemann, Prof. Martin Kriele, pensionierter NRW-Verfassungsrichter mit 35-jähriger Erfahrung in der Anthroposophischen Gesellschaft, hilft seit 1994 mit dem Stellen der Fragen an die Engel, er protokolliert und redigiert deren Antworten. Auffälligerweise verweisen die Engel in ihren Mitteilungen direkt auf Valentin Tomberg (1900–1973), der Anthroposophie und Katholizismus verband und dessen Nachlass Prof. Martin Kriele betreut. Tomberg hat angeblich einen Platz im himmlischen „Hohen Rat", einem Rat der Weisen von zwölf Mitgliedern, „besonders weit fortgeschrittene Menschen", die „aus himmlischen Höhen herab die geistige Entwicklung der Menschheit weisheitsvoll lenken." Jeweils einer von ihnen inkorporiert sich in Menschengestalt, in jedem Jahrhundert einmal und das rund 5000 Jahre lang." (Engel-Kunde, I, 1998. – Pöhlmann, 2000).

Die besten, verlässlichsten und eindrucksvollsten Nachrichten haben wir ohne Zweifel von Sterbenden und von Menschen, die dem Tode nahe sind, nahe waren und in wundersamer Weise genasen. Auch ohne Medikamente traten sie in die Welt des Mystischen ein. Sie sahen Menschen, Personen oder Tiere im Raum, die für die Verwandten, für den Arzt oder Pfleger nicht sichtbar waren. Vorboten aus jenseitigen Welten, in die sie selbst bald eingehen würden. Und die Menschen um sie herum, die daran nicht teilhatten, waren beunruhigt und befremdet von ihrem „irren" Dahinreden, von Menschen, die schon nicht mehr zu ihnen gehörten, sondern bereits Teil jenes Jenseits waren.

*„Zur ewigen Heimat", Stahlstich nach der Zeichnung Wilhelm v. Kaulbachs von 1858, um 1880. (AM)*

Elisabeth Kübler-Ross und der Pfarrer Rolf Slot-Henriksen in Dänemark haben beachtliche Sammlungen solcher beeindruckenden Schilderungen, die übereinstimmend von Lichtphänomenen berichten, in denen sich die Engel teilweise materialisieren, oder von menschengestaltigen Erscheinungen, nie aber von geflügelten Wesen, die dem Engelklischee entsprechen.

Im Volksglauben, wie er sich auch in Märchen und Erzählungen niederschlägt, gibt es viele Zeichen für die Anwesenheit von Engeln. Teilweise haben sie sich in Redewendungen bis heute lebendig erhalten. Der liebliche Gesang der Engel lässt sich durch einen zauberhaften Kunstgriff hörbar machen. Dazu trägt man während des mitternächtlichen Läutens der Kirchenglocken den Kehricht aus der Stube und stellt sich dann auf den am Boden liegenden Besen. Bei Kindern ist die Verbindung zu den Engeln noch nicht verloren gegangen. Lächelt ein Kind für sich, scheinbar unvermittelt, „sieht es einen Engel", und lächelt es selig im Schlaf, dann „spielt es mit dem Engel". Man sollte sich jedoch hüten, sein Kind einen Engel zu nennen, selbst wenn es pausbäckig und goldlockig genauso aussieht, wie auf den Glanzbildern. Denn dann lebt es nicht mehr lange. Während die offizielle Kirche dem ungetauften Kind als „Heiden" die christliche Bestattung verweigert, wurde der frühe Kindstod in vielen kinderreichen Familien trotz aller persönlichen Trauer oft geradezu als „Segen" angesehen, weil es nach dem Volksglaube direkt zu den Engeln in den Himmel kam. Die toten Kinder waren kleine Engel, sofern sie getauft waren, und wurden von anderen Engeln unmittelbar zu Gott getragen, was sich in der populären Druckgraphik in den Schlafkammerbildern des letzten Viertels des 19. Jahrhunderts deutlich zeigt. Im 19. Jahrhundert gab es als gesonderte Zonen auf den Friedhöfen „Engelgottesäcker" oder „Engelgärten". Dort wurden nicht nur Kinder bestattet, sondern mitunter auch ledige, sozusagen im Zustand der Unschuld verstorbene Greise, Jünglinge und Jungfrauen. Nicht getaufte Kinder freilich waren vom „geweihten Boden" ausgeschlossen. In unserer weltlichen Gesellschaft definiert heute der Staat, ob ein totes Kind tatsächlich ein „Kind" ist, das vom Standesamt registriert wird und bestattet werden muss. Alle fehlgeborenen Kinder unter 1000 Gramm fallen nicht darunter. Sie gelten juristisch als „Sache", die lediglich hygienisch einwandfrei entsorgt werden muss. In einigen Bundesländern war die Bestattung bis vor kurzem regelrecht untersagt.

In diesem Zusammenhang ist auch die „Engelmacherin" zu erwähnen, die verharmlosende Bezeichnung der Spezialistin für illegalen Abbruch ungewollter Schwangerschaften. Die lebensgefährlichen Bedingungen wurden als letzter Ausweg der verzweifelten Schwangeren in Kauf genommen. Trotz guter medizinischer Möglichkeiten unserer Tage hat weder die religiöse Diskussion, noch die soziale das Problem bisher wirklich bewältigt. Bei Hunde- und Katzenwürfen, die noch heute im ländlichen Gebiet auf hergebrachte Art reduziert werden, verniedlicht man das Verschwinden der Tierkinder und sagt, sie hätten sich „nach Wolke 7" begeben.

„Engel sind diskret. Sie erscheinen nur denen, die an sie glauben, die sie rufen, die das Gespräch mit ihnen suchen, ein unbewußter Vorgang. Auch wenn neuerdings einige ‚Ruf Deinen Engel'-Lernprogramme in Umlauf gebracht wurden, scheint mir die Kommunikation zwischen Menschen und Geistwesen nach wie vor kein spezielles Training zu erfordern." (Pietro Bandini, 1995).

*linke Seite:*

*Rogier v. d. Weyden (1399–1464)*
*Verkündigung an Maria, um 1435/40*
*Mitteltafel des dreiflügeligen Altars*
*Tempera auf Holz, 86 x 92 cm*
*Musée du Louvre, Paris.*

*Die Szene ist in einen kostbaren spätgotischen Wohnraum versetzt.*
*„Und der Engel kam zu ihr herein und sprach: Gegrüßet seiest du, Holdselige! Der Herr ist mit dir, du Gebenedeite unter den Weibern. Da sie ihn aber sah, erschrak sie über seine Rede, und gedachte: Welch ein Gruß ist das? Und der Engel sprach zu ihr: Fürchte dich nicht, Maria; du hast Gnade bei Gott gefunden. Siehe, du wirst schwanger werden im Leibe, und einen Sohn gebären, des Namen sollst du Jesus heißen." (Lucas 1, 26-38)*

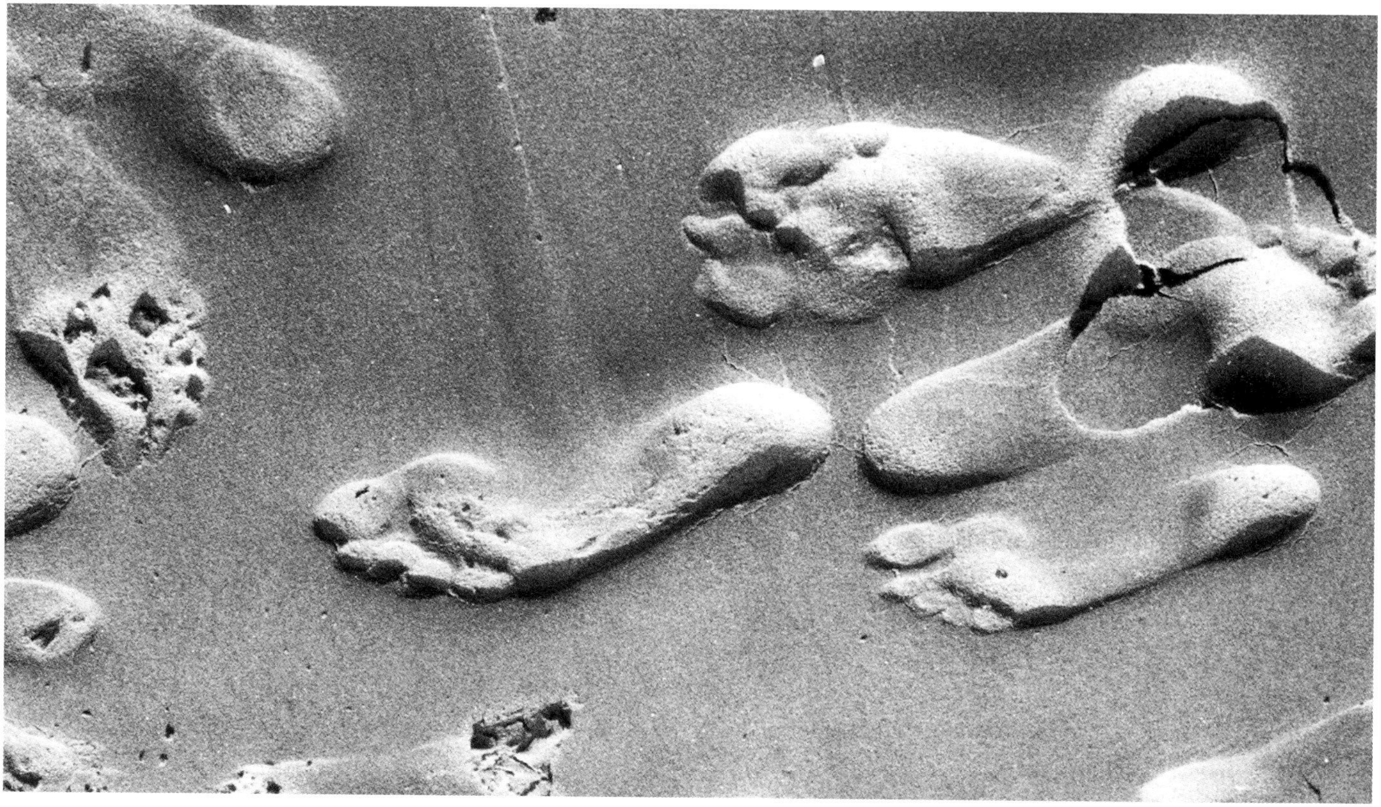

*Auf den Spuren der Engel (oder?).*

*Seite 16 und 17:*

*Stephan Lochner (ca. 1400–1451)*
*Maria im Rosenhag (Rosengarten), um 1450*
*Öl auf Holz, 51 x 40 cm*
*Wallraf-Richartz-Museum, Köln.*
*Lochner ist der Hauptvertreter der Kölner Malerschule des „weichen Stils“ und der einzige ihrer Künstler, der sich namentlich erfassen lässt. Lochner verwendet noch den Goldgrund als Symbol des Himmlischen Reiches, ein Ausklang mittelalterlicher Kunst. – Eine Schar Engel musiziert für die Muttergottes im paradiesischen Garten, dem „hortulus conclusus“ (dem verschlossenen Gärtlein, Symbol ihrer unbefleckten Empfängnis). Die Rosen weisen auf ihre Tugenden, die Brosche mit dem Einhorn auf ihre Jungfräulichkeit. Das Christkind hält einen Apfel vom Baum der Erkenntnis im Paradies, ein Symbol für die Erlösung der Menschheit von den Sünden.*

*Peter Paul Rubens (1577-1640) und Jan Brueghel d. Ä. (1568–1625)*
*Madonna im Blumenkranz, um 1620*
*Öl auf Holz, 185 x 209,8 cm*
*Alte Pinakothek, München.*

*Blumen-Brueghels Blütenkranz lässt die Madonna als Bild im Bilde erscheinen. Wie das Christkind trägt sie portraithafte Züge. Modell standen Rubens Frau Isabella Brant und ihr gemeinsamer Sohn Albert (geb. 1614). Die Putten erscheinen wie ein Reigen von variierten Kinderstudien. Hierin vereinen sich die älteren Bildtraditionen von der Madonna im Rosenhag und den Englein als Spielgefährten des Jesusknaben. Die religiösen Inhalte und Symbole treten gegenüber einer großen barocken Dekorationswirkung zurück.*

Die Vereinsamung des Einzelnen und seine Abschottung als Selbstschutz haben einen engen Zusammenhang mit dem Anrufen überirdischer Mächte als Ersatz für zwischenmenschliche Beziehungen. Der Rückzug zu den Engeln und ihres Reservates liegt begründet in der veränderten Alltagssituation der täglichen Umgebung. Während bis zum Ende des 17. Jahrhunderts das „Alleingelassenwerden" schlichtweg weder möglich noch erwünscht war, entstand erst danach der abgezirkelte Bereich des Privaten. An- und Entkleiden, Waschen und Schlafen oder Pinkeln geht nicht vor Zeugen oder gemeinsam vor sich, sondern, um mit Norbert Elias zu reden, „Hinter den Kulissen". In seiner Zivilisationstheorie aus den 1930er Jahren wird zuerst der Gedanke entwickelt, es verletze die Würde des Menschen, wenn man ihm diese Möglichkeit nehme, mit sich selbst „allein" zu sein. Ein Alleinsein wiederum, das Bedingung dafür ist, meditativ auf die Engel zugehen zu können.

Der moderne Mensch markiert für sich ganz unbewusst einen persönlichen Raum, eine Tabuzone um sich, die er kurzzeitig oder länger als die seine beansprucht. Etwa seine Wohnung oder markanter noch den Liegeplatz am Strand, wo ein deponiertes Handtuch oder die Strandburg abgrenzen, ebenso aber ein Stuhl im Restaurant oder der beste Platz für die Betrachtung eines „Engel-Bildes" in der Ausstellung (des Altonaer Museums). Diese Tabuzone des Privaten kann auch „mobil" sein und ist wohl die nächstliegende Erklärung für die Autos im Berufsverkehr, in denen jeweils nur einer drin sitzt, geschützt von einer Blechkapsel. Das Individuum verteidigt seinen persönlichen Raum wie ein Tier sein Territorium. Diese Mechanismen sind alt und teilweise staatlich-rechtlich sanktioniert, etwa im „Hausfrieden", der ohne die Erlaubnis zum Zutritt „gebrochen" wird. Neben diesem abgeschotteten Privaten gibt es erstaunlicherweise tausende von Webcams, durch die in einer privaten Big-Brother-Show ganz normale Menschen von Nebenan uns in ihre privaten Gefilde lugen lassen aus der Perspektive des „allwissenden Engels". In einer Massengesellschaft kann derjenige nicht bedeutungslos sein, dem Zehntausende rund um die Uhr zuschauen. So ist Andy Warhol durchaus übertroffen, der versprach, jeder könne für zehn Minuten ein Star sein.

Engel verraten ihre Anwesenheit durch himmlische Phänomene. Besonders geeignet ist dafür ein Wunder wie „die Fackel der Engel", das Nordlicht. Japanische Reisegesellschaften fliegen nach Finnisch-Lappland, um es selbst zu erleben. Schwedische Forscher schickten mit der Sonde „Wiking" einen Satelliten zur Untersuchung des Phänomens um die Erde (1994) als Versuch, näher heranzukommen. Wir werden im Folgenden sehen, wie der Mensch sich zu allen Zeiten bemüht hat, höher hinauf und weiter hinaus zu gelangen, um die Erscheinungen am und im Himmel aus der Nähe betrachten zu können. Wir können diesen Eifer schon bei den Schülern von Robert Groseteste (1168–1253) beobachten und seiner so genannten „Oxford-Schule", deren bedeutendster Vertreter Roger Bacon (ca. 1214–1292) ist. Deren Methode ist es, durch Experimente eine Hypothese zu verifizieren oder falsifizieren. So scheinen sie beispielsweise durchaus zu dem Schluss gelangt zu sein, dass konvexe und konkave Linsen durch Kombination erlauben, ganz ferne oder ganz kleine Objekte zu vergrößern. Ein Wissen, das es ermöglicht hätte, schon gegen Ende des 13. Jahrhunderts ein Teleskop zu konstruieren. Das dessen Erfindung noch 300 Jahre auf sich warten ließ, lag nur an der fehlenden Technik, ein klares Glas herzustellen und es hinreichend fein zu schleifen. Man wäre damit den Gestirnen nähergekommen, den Wolken auch, den Engeln sicher nicht.

*Ciambue (Cenno di Pepo, um 1240 – n.1302)*
*Thronende Madonna, Maestá, um 1270*
*Tempera auf Holz, 427 × 280 cm*
*Musée de Louvre, Paris.*

*Vom byzantinischen Mosaikstil kommend und von Giotto beeinflusst gelingt der Durchbruch zu größerer Plastizität und Bewegung der Figuren als Wegbereiter der eigenständigen neuen italienischen Malerei. Die Engel halten den Thron. Vor dem (mittelalterlichen) Goldgrund scheinen sie mit ihm im ewigen Licht zu schweben.*

# Näher zu den Engeln

Die Engel sind im Himmel zu suchen. „Es war einmal ein Himmel. Weich und endlos wie eine geschlossene Wolkendecke. Wer hier lebte, schwebte barfuß herum, von keinem Geheimnis zu Boden gedrückt. Alle wußten, was, wann, wo passiert, denn es gab keine Verstecke. Der Schöpfer thronte im lichten Nirgendwo, was ihn allgegenwärtig und somit allmächtig machte. Es herrschte das Gute, zeitlos, in Glanz und Herrlichkeit. So (oder ähnlich) sah jener Ort aus, von denen unsere Ahnen träumten, der Himmel. Wie sieht denn unserer aus? Das Paradies bot und bietet einen Raum für unbegrenzte Phantasien." (Dana Horáková, 1999). „Wie der Mensch seinen Himmel denkt, so denkt er seinen Gott. Der Himmel ist daher der Schlüssel zu den innersten Geheimnissen der Religion" (Ludwig Feuerbach, 1804–72).

Die Weltorganisation für Meteorologie nähert sich der Sache mit System. Sie erblickt am Himmel Wolken und unterscheidet zusätzlich zu den vier großen Wolkengruppen zehn weitere Gattungen sowie 26 Arten und Unterarten dazu. Die grundsätzliche Ordnung des Ganzen hat sich seit 1803 kaum verändert, als der englische Chemiker Luke Howard die Typen benannte und die bekannten Schemen schuf: Stratus (geschichtet), cumulus (gebaucht), cirrus (zersaust), nimbus (regnend), also Schicht-, Quell-, Feder- und Regenwolken.

*Rogier v.d. Weyden (1399–1464)*
*Michael als Seelenwäger am Jüngsten Tag*
*Mitteltafel eines Altares, um 1450*
*Hotel Dieu, Beaune.*

Eine malerische Schönwetterwolke wird im Schweben gehalten nicht durch Engel und nicht durch Wunder, sondern durch warme Luft unter ihrer Basis, und hat trotz optischer Leichtigkeit tatsächlich ein ganz konkretes Gewicht. Eine Quellwolke von 1000 x 500 m wiegt nämlich 252 t, das ist so viel wie drei Dieselloks, und hat Wasser genug, um 1800 menschliche Wannen damit zu füllen. Das Ganze ist aber auch gespeicherte Sonnenenergie. Denn zur Darstellung der luftig gebildeten Engelswelt sind 170 000 kWh Verdunstungsenergie nötig.

Irgendwo in diesen Wolken, wahrscheinlicher aber dahinter, liegt das Paradies, die Heimatstation der Engel. Das Paradies jedoch ist unmöglich zu beschreiben. Es ist gewissermaßen „unsagbar", wie Augustinus (354–430) es nannte, jenseits aller Worte, wie Gott. Im Neuen Testament erfahren wir nichts darüber. Unsere Vorstellung des Himmels als Garten Eden stammt aus der Genesis: ein hortulus conclusus, ein geschlossener Garten mit üppigstem Bewuchs und süßesten Quellen. Alle späteren visionären Sichten auf diesen wunderbaren Ort fußen darauf, am wirkungsvollsten wohl Dantes (1265–1321) fiktive Reise in der „Göttlichen Komödie", worin er seinen Piloten durch Hölle und Purgatorium gehen und schließlich im Himmel ankommen lässt. Ausgerechnet im Jahre 1300. Der Wandernde wird dort durch Sphären von Licht erhoben und erfährt den Kampf von Licht und Finsternis, Gut und Böse. Auch in das Innerste des Himmels ist es ihm vergönnt zu schauen.

Nur in Worte lässt sich das Gesehene nicht fassen. Im Juli 1999 äußert sich Papst Johannes Paul II. zum Paradies. Dies sei ein Daseinszustand nach dem Tod, kein Wolkenkuckucksheim: „Der Himmel, in dem wir uns wieder finden, ist weder eine Abstraktion noch ein physischer Ort inmitten der Wolken. Das Paradies ist eine gesegnete Gemeinschaft von jenen, die während ihrer Lebenszeit Jesus Christus treu geblieben sind und jetzt eins sind mit seiner Glorie." Dies Einswerden mit Christus bedeutet keineswegs eine Auflösung des Ich, im Gegenteil, es ist die höchste Verwirklichung des Menschen.

Nun könnten wir aufsteigen mit dem Flugzeug und die Wolken von oben betrachten, wunderbar von der Sonne beschienen und das Lied von Reinhard Mey summen, dass dort die „Freiheit wohl grenzenlos" sei. Aber das werden wir gemeinsam erst einige Seiten später tun. Begeben wir uns zunächst ins Multi-Media-Planetarium, dem modernsten überhaupt, im Münchener Forum der Technik. Für jeweils DM 10,90 Eintritt für Erwachsene können 275 Besucher je Vorstellung in Kippsesseln mit computergesteuerten Projektoren und Lasern eine Reise ins Universum unternehmen, untermalt von Sphärenklängen aus dem Sechs-Kanal-Surround-Sound-System (1993).

Der Griff nach den Sternen bezeichnet das alte Verlangen, wie Prometheus, die Grenzen zwischen Himmel und Erde zu überschreiten und sich hinaufzubegeben in Höhen, wo der Mensch sonst nicht zu Hause ist und durchaus nicht willkommen, weil dort das Gebiet Gottes und seiner Engel ist. Und so gibt es Menschen, die zu Fuß hoch hinaus wollen, in 8848 m Höhe, denn höher geht es auf der Erde nicht, und daran scheitern. Die Briten versuchten es dreimal innerhalb von vier Jahren. Sie versuchten es 1924, um eine greifbare nationale Schande nach ihrem Scheitern an zwei Polen der Welt, am Nord- und am Südpol, wenigstens am so genannten dritten Pol, dem höchsten Berg der Erde, wett zu machen. 1999 hat man die Leichen von George Mallory und Andrew Irvine gefunden, nachdem sie 75 Jahre verschollen waren. Ihnen war der Gipfel sicher noch etwas anderes gewesen, als eine Metapher für die innere Grenzerfahrung. Das Geheimnis ihres persönlichen Erlebnisses dort ganz oben, wo sie vielleicht wirklich hingelangten, haben sie mit in den Tod genommen. Was

*Fliegende Scharen, 1996. So etwa würde eine Schar von Engeln wirken, wenn sie uns im Abendlicht umkreist. (Hi)*

oder wen mögen sie gesehen haben? Heute ist der Gipfel weniger die Nähe Gottes und der Engel, als die Möglichkeit für die Sponsoren, ihr Logo im Gipfelfoto zu verewigen. Die Engel dürften sich wundern.

Ulf Merbold, der Siegburger Physiker, ist den Engeln sehr nahe gekommen. Wenigstens hat er die Möglichkeit gehabt, die Erde aus einer Perspektive zu betrachten, wie es sonst nur ihnen möglich ist. Dreimal war er im All: „Ich sehe die Erde als eine Art Raumschiff, mit dem wir alle gemeinsam in diesem leeren, großen All unterwegs sind. ... Die Erde ist ein wunderbares Raumschiff. Es gibt uns alles, was wir brauchen, Luft, Nahrung, Wasser und soziale Kontakte. Es hat aber den Nachteil, dass keiner aussteigen kann."

Auf Engel hat Merbold nicht geachtet. Vielleicht hat er sie nicht gesehen oder es einfach nicht zugegeben, oder die Engel beobachten nur aus sicherer Entfernung die Blechkapsel, ohne einzuschreiten, wie sie ja wohl könnten, ähnlich wie ein Hund sich durchaus überlegt, ob er das knatternde Moped verbellt oder nicht. Vielleicht war Dr. Merbold auch einfach zu alt. Denn oftmals sind es nur Kinder, die der Engel teilhaftig werden, so wie in Wim Wenders Film „Der Himmel über Berlin", wo der Engel Daniel seine engelische Existenz zugunsten einer menschlichen aufgeben möchte. Ihn sieht auch niemand mit Ausnahme der Kinder. Und die Freude am Menschsein erfährt er durch eine Frau, deren Beruf sie zwischen Himmel und Erde gewissermaßen hängen lässt. Sie ist nämlich Trapezkünstlerin.

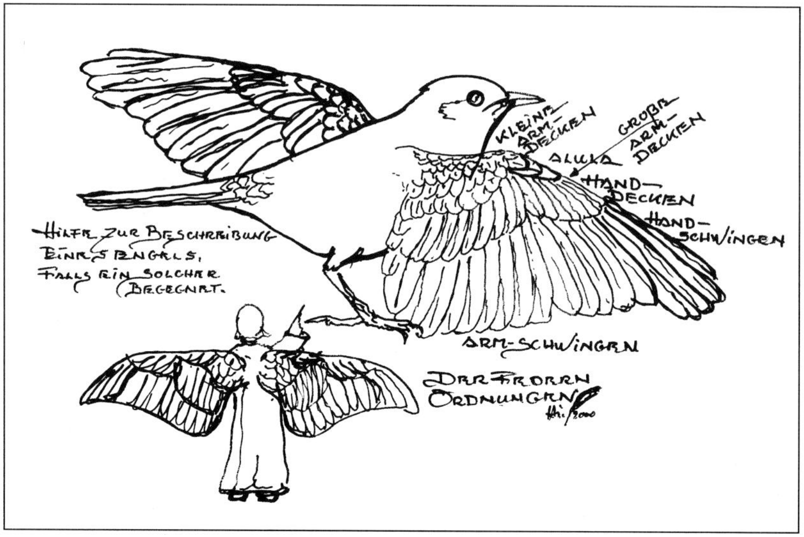


*Engels- und Vogelflügel, gemeinsame Struktur. (Hi)*

Streit über das Vorhandensein der Engel reduzierte sich oftmals auf die Frage, ob sie eine Leiblichkeit besäßen oder nicht. Die Frage war müßig. Denn alle, die wirklich einen Engel gesehen hatten, wussten ja, dass seine Substanz ganz anderer Art ist. Trotzdem: „Der Streit über den Engelleib währte Jahrhunderte. Einigkeit bestand allein darin, dass Engel eine Art Körper haben – nur Gott ist reiner Geist, denn nur ihm kommt das Attribut der Unermesslichkeit zu. Der Engel Geistigkeit hingegen ist eine relative, verglichen mit Gott sind sie materiell, verglichen mit den Menschen aber unkörperlich: ‚Feuer und Luft' sagten Ephraim von Amida und Hippolyt von Rom; ‚Feuer und Geist' sagte Gregor von Nazianz; ‚Licht und Äther' sagte Augustin ... Am schönsten sagte es Bischof Ambrosius von Mailand: ‚Die Luft, die Erde, das Meer, alles ist erfüllt von Engeln'." (Michel, 1999).

Thomas von Aquin fasste den Ätherleib der Engel als „pura spiritualis" auf, ähnlich wie 1000 Jahre vor ihm Origines. Damit klären sich auch offenkundige „praktische" Lebensfragen der Engel, etwa die so genannte Engelspeise: „Wenn die Engel reiner Geist sind, brauchen sie keine Kalorien (Opfergaben), sie nähren sich von göttlichen Strahlen, sagte Origines. Damit war ein weiteres Problem aus der Welt: Diese Nahrung wird restlos absorbiert, es gibt also keine Rückstände, keinen Engelkot, während die Teufel, wie jeder weiß, ständig in die Gegend kacken. Vor allem aber bedeutet die Vergeistigung eine Entsexualisierung. In diesem Punkt hatte es viel Verwirrung unter den Gläubigen gegeben, ausgelöst durch eine Stelle in der Genesis, der zufolge gewisse Engel mit den Töchtern der Menschen verkehrt hatten. Viele Jahrhunderte lang wurde deshalb der Engelsturz auf sexuelle Verfehlungen Luzifers und der Seinen zurückgeführt, bis sich die Ansicht durchsetzte, wenn Engel Geisteswesen seien, könne ihre Sünde nur geistiger Natur sein: Hochmut." (Michel, 1999).

Erinnern wir uns: Die griechischen Götter nahmen auch nicht Menschenfutter zu sich, sondern ambrosia, d. h. die „Unsterbliche", wie sie selbst, im Unterschied zu den Sterblichen (Menschen). Ihr Getränk war Nektar. Auch durchfloss sie kein Blut, haima, wie den Menschen, sondern ichor, „ein ganz besonderer" (Saft).

Für die frühen Kirchenväter lag die Substanz der Engel sowohl im Körperlichen wie im Geistigen bzw. irgendwo dazwischen. Eine feuerige Äther-Leiblichkeit. Ihr Leib bestünde aus dem Äther-Feuer, das zugleich pneumatisch und feinstofflich sei und das fünfte Element ausmache, das die vier anderen, Feuer, Erde, Wasser und Luft, umschließt. Die Äther-Leiblichkeit der Engel gründete sich auf die Lehren der Pythagoräer, wie Plato, und der Neuplatoniker. Hierauf baute dann der Kirchenvater Origines: Die Seele besitzt wie die Engel einen pneumatischen Äther-Leib, den sie aber ablegt, wenn sie in den irdischen Körper einzieht, und wiedergewinnt, wenn sie ihn im Tode wieder verlässt. Die Engel aber bewahren sich in ihrer Unwandelbarkeit diesen Zustand. Schließlich kam es im hohen Mittelalter zu dem über viele Generationen gehenden Streit um die Art der Leiblichkeit der Engel. Die großen Denker der Scholastik setzten sich schließlich durch: Das Wesen der Engel sei Leiblosigkeit und reine Geistigkeit. Diese reine Geistigkeit der Engel erscheint in den Berichten der Sterbenden, wie sie Rolf Slot-Henriksen in jüngster Zeit in Dänemark gesammelt hat, als reines Licht.

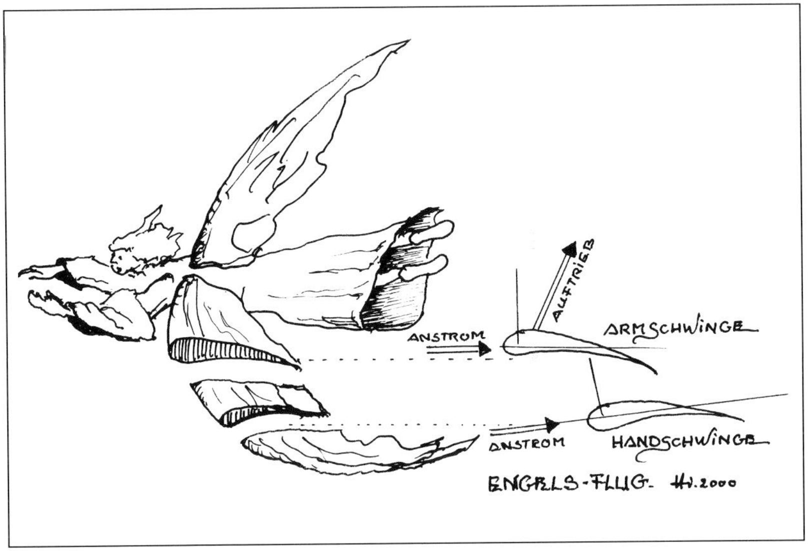


*Prinzip des Engels-Fluges: Armschwinge (Auftrieb), Handschwinge (Geschwindigkeit). (Hi)*

Wir können es nur mutmaßen, aber wahrscheinlich sehen sich diese Lichtwesen-Engel, ähnlich wie es Vögeln oder Insekten ergeht, zunehmend von unserem künstlichen Licht irritiert und von der Nachäffung ihrer Lichtgestalt geblendet. Jeder kann beobachten, wie Nachtfalter und andere Insekten nachts von elektrischen Lampen magisch angezogen werden. Seit Jahrtausenden orientierten sie sich im Flug am schwachen Licht der Sterne und sind nun durch unsere künstlichen Sonnen völlig orientierungslos. Wie viele Engel dabei Flugschäden erleiden, lässt sich schwer sagen. Über den Großstädten hängt eine regelrechte Glocke aus künstlichem Licht, sodass nur 10 % der Sterne zu erkennen sind, an denen seit Jahrtausenden auch der Mensch seine Orientierung fand und den rechten Kurs erkennen konnte. Schon 1913 richteten die Astronomen des Astrophysikalischen Instituts in Potsdam Lichtschutzzonen für ihre Fernrohre ein, wo behördlich sogar Schankwirtschaften untersagt wurden. In Hamburg gibt es seit über 30 Jahren zwischen der Sternwarte Bergedorf und der Baubehörde die Absprache, im Umkreis von 5 km nur abgeschirmte Straßenleuchten einzusetzen.

Die Redensart „sich die Flügel verbrennen“ gemahnt an das Bild der Motte, die, vom Licht angezogen, geblendet verbrennt. Sie ist im übertragenen Sinne eine Mahnung gegen Sorglosigkeit und mangelnde Vorsicht in unbekanntem Gefilde. Besonders eindrucksvoll umgesetzt ist das Motiv im „Blauen Engel“ von 1929, einem der frühesten Tonfilme in Deutschland, worin Marlene Dietrich im Tingeltangel tatsächlich vor sich selbst und ihrer Wirkung warnt und mit eigener Stimme live singt: „Männer umschwirr'n mich – wie Motten das Licht / und wenn sie verbrennen, ja dafür kann ich nicht.“ Marlene als Lichtgestalt, ein gefährlicher, lockender Engel.

Ebenso wenig wie Marlene zu altern schien, altern erst recht die Engel nicht. Es ist nicht so, dass sie das Geheimnis der ewigen Jugend hätten. Gott hat sie einfach geschaffen, wie sie sind, und sie bleiben unveränderlich wie sie waren, vor allen Zeiten und zu allen Zeiten. Sol-

*Drachen sind seit langem eine Möglichkeit, sich ein wenig in den Himmel zu erheben. (UBH)*

che Möglichkeiten der ewigen Jugend auf den Menschen zu übertragen, ist ein uralter Wunsch. In unserer Gesellschaft ist Jugendlichkeit ein Wert an sich. Zahllose Produkte geben vor, sie erhalten zu können, und werben mit knackigen, ewig jungen Models, auch Engel dieser Erde. Die Quelle zu dieser ewigen Jugend liegt heute in der Gentechnik erreichbarer denn je. Ein Milliardengeschäft, an dessen Lösung weltweit Forscher arbeiten. Jedoch gilt es zu unterscheiden. Ein langes Leben und der fortschreitende Alterungsprozess sind nämlich zellbiologisch ganz unterschiedliche Vorgänge. In jeder Zelle diktiert eine biologische Uhr die Anzahl von Teilungen, zu der eine Zelle imstande ist. Durch das Enzym Telomerase wird diese Uhr immer wieder zurückgestellt. So kann sich die Zelle unendlich oft teilen, also ewig leben. Auch an dem zweiten Aspekt des Alters wird gearbeitet, etwa vom Biologen Leonard Guarenti vom Massachusetts Institute of Technology. Er entdeckte ein Zell-Protein, das dafür sorgt, dass aus den Genen in einer menschlichen Zelle nur jeweils die aus insgesamt etwa 3 Mio. aktiviert werden, die für die Funktion gerade dieser Zelle nötig sind und sie jeweils als ein Teil der Leber, Lunge oder Niere spezialisiert tätig sein lässt. Die dabei nicht aktivierten Gene werden gewissermaßen geschont, die Zelle wird nicht abgenutzt, die Lebenserwartung steigt. Nicht nur die ewige Jugend der Engel könnte den menschlichen Neid erregen, auch andere ihrer ganz unmenschlichen Eigenschaften, etwa dass sie imstande sind „mit Engelszungen“ zu reden. Diese Wendung geht aber offenbar auf Luthers Bibelübersetzung zurück (1. Kor. 13,1):

„Wenn ich mit Menschen- und mit Engelszungen redete und hätte der Liebe nicht, so wäre ich ein tönend Erz (eine Glocke) und eine klingende Schelle“, also gewissermaßen Schall und Rauch ohne Substanz. Heute meint man damit allerdings vor allem den Versuch, jemanden zu etwas überreden, das er an sich nicht will, indem man ihn mürbe quatscht. Die Engel haben nämlich keine gesprochene Sprache. Sie kommunizieren durch ihr bloßes Sein.

Wirklich ideale Gestalten, die den Engeln in mancher Beziehung sehr nahe kommen dürften, begegnen uns hingegen im Internet: Kunstmenschen, virtuelle Wesen aus Bits und Bytes.

# Durchsichtig bis andersfarbig

Diese cybernetischen „Avantare“ sind die kommerziellen Engel und Helfer unserer Computerwelt. „Avantara“ heißen ursprünglich Inkarnationen hinduistischer Gottheiten. Banken, Kaufhäuser und andere Firmen setzen sie ein, unheimlich schön anzusehen, höflich und hilfreich. Bekannt ist etwa „Robert T. Online“. Weiter gibt es den „E-Cycas“ der süddeutschen Firma ID-Media, eine blauäugige Idealfigur, gekreuzt aus Ethan Hawke, Jim Morrison und James Dean. Es gibt sogar von ihm eine viel verlangte CD, völlig elektronisch hergestellt, und natürlich jede Menge elektronische Fanpost der jungen weiblichen Verehrer. Wer mit Nintendo aufgewachsen ist, für den verwischen sich die Grenzen zwischen Realität und Virtualität. Der Computer schafft die scheinbare Substansation dieser engelhaften Wesen mühelos und glaubhafter als jede geträumte, geglaubte oder religiöse Vorstellung es vermöchte: Die Computerschönheit „Tyra“ gibt Interviews, „Aimee“ huscht als Chanel-Modell über den Laufsteg. Die Quasimutter all dieser Trugwesen ist aber Lara Croft. Avantare sind nachstrebenswerte Ideale, eine virtuelle Konfektion, der nachzueifern im wirklichen Leben gefährlich werden kann, an der sich zu messen nicht minder. Aber auch darin unterscheiden sie sich von manchen Engeln nicht. Doch der Möglichkeiten sind noch mehr. Die Agentur „no DNA“ in Hürth bei Köln bietet auch „digitale Reanimation von Verstorbenen“ an; alte Fotos werden mit elektronischen Bewegungsabläufen gemischt. Diese Reinkarnation wird auch für noch Lebende angeboten: „Digitale Unsterblichkeit von Realpersonen“. Das ermöglicht tatsächlich den elektronischen Transport unseres Astralleibes an andere Orte und in künftige Zeiten. Als elektronischer Engel können wir Kindern und Kindeskin-

*Raffaelo Santi (1483–1520)*
*Sixtinische Madonna, um 1513*
*Öl auf Leinwand, 265 x 196 cm*
*Gemäldegalerie Alte Meister, Dresden*

*Raffael war 1508 von Papst Julius II. (1503–1513) aus Florenz nach Rom berufen worden. Hier malte er nach 1509 vor allem an den Stanzen des Vatikans. Unser Bild entstand 1513, ein Jahr bevor er als Nachfolger Bramantes Bauleiter der Peterskirche wurde. Links: der heilige Papst Sixtus (Schutzpatron von Julius Familie), bestimmt für den Hochaltar des Heiligen in der Abteikirche von Piacenza, wo man auch die heilige Barbara (rechts) verehrte. 1754 reiste das Bild nach Dresden, nachdem August III. von Sachsen es für eine horrende Summe gekauft hatte. Die populäre Verbreitung des Bildes bzw. seiner Motivteile, die in den bekannten Engelchen als Oblaten („Glanzbilder") gipfelt, begann um 1830/40 mit den Bilderbogen von Gustav Kühn in Neuruppin. Die lithographische Schnellpresse verbreitete besonders die Engel in Stubenschmuck, Haussegen und in Poesiealben über ganz Europa und die USA.*

*rechte Seite:*

*Cumulus-Wolken: Nicht Engel, sondern warme Luft unter der Basis hält sie in der Schwebe, Ostsee 8/2000.*

dern erscheinen, falls diese unsere Kodierung noch entschlüsseln und uns damit wieder erstehen lassen können.

Während die Bildende Kunst, besonders in der Italienischen Renaissance und später im Barock, die Engel in großer Pracht darstellte und mit bunten Flügeln ausstattete, die oftmals den Papageien entliehen waren, sind die Engel jenseits der Bilder durch ihre Lichtgestalt weiß und farblos bis zur Durchsichtigkeit. Auch ihre Flügel und Federn sind weiß. Ein Phänomen, das uns im Übrigen auch bei Vögeln begegnet durch Reflexion des Lichtes an pigmentlosen Federn. Dagegen erscheinen die farbigen Federn durch Pigmente und spezielle Struktur anders, etwa rot durch eingelagerte Carotinoide, ocker, braun, sogar schwarz durch Melaninfarbstoffe. Die schwarzen Federn haben mit den weißen durchaus etwas gemeinsam. Auch sie bedürfen des Lichts, damit ihr metallisches Glänzen hervorgerufen wird, das durch optische Interferenz und die spezielle Struktur ihres Aufbaus entsteht. Engel sind weiß, wenngleich nach unseren Begriffen die Bezeichnung „Engel in weiß“ für etwas völlig anderes steht, nämlich für menschliche Nächstenliebe, wie sie von den Engeln gelernt und durch sie angeleitet werden kann. Das große Vorbild dieser Engel in weiß, Pfleger der Kranken und Verzweifelten, ist, wie wir alle wissen, Miss Florence Nightingale. Sie wurde 1820 als Tochter eines englischen Gutsbesitzers geboren und reformierte in der philanthropischen Tradition ihrer Familie nicht nur die englische Krankenpflege, sondern auch die des ganzen Kontinents. So besuchte sie, mit nachhaltiger Wirkung, 1849 für einige Zeit auch die Diakonissenanstalt in Kaiserswerth am Rhein. Ihre Bücher „Hints on Hospitals“ (London 1859) und „Notes on Nursing“ (London 1858, deutsche Ausgabe 1878) sind bahnbrechend gewesen. Ihr Einsatz auf der Krim, zunächst als gesellschaftlicher Skandal geahndet, verschaffte in England dem Ruf der Krankenschwester eine Aufwertung, sodass in Notzeiten sogar Damen der Gesellschaft ehrenhalber in diesem Bereich tätig sein konnten. Die weiß gekleidete Frau partizipiert ohne Zweifel am Faszinosum der Engel. Das gilt sowohl für Kleidung als auch für Haarfarbe. Beispielsweise drehen sich 67 % aller Männer instinktiv um, wenn eine Blondine an ihnen vorbeizieht. Seltsamerweise gilt dieses Phänomen nicht nur für Lady Diana, sondern auch für Leonardo di Caprio. Die Erfolgreichen sind und waren blond. Seien es nun Marlene Dietrich, Marilyn Monroe oder Claudia Schiffer. Könnte man sich im Ernst die Jungfrau Maria oder Jesus mit schwarzen oder roten Haaren vorstellen? Dahinter steckt ganz einfach ein Mechanismus, der mit unserem Helligkeitsempfinden zusammenhängt. Hell wird als positiv empfunden, weil das Sonnenlicht die Produktion des Hormons Melatonin anregt, das für Glücksgefühle zuständig ist.

Schatten und Dunkelheit hingegen machen nicht nur den kleinen Kindern Angst. Das dunkle Winterhalbjahr führt zu Beeinträchtigungen des Körpers und der Seele. So ist, gemessen an den Engeln im westlichen Kulturkreis, das Weiß die Farbe der Unschuld. Zum Beispiel im Hochzeitskleid; jedes Stück kann mit dem „richtigen“ Waschpulver, das alle Grauschleier verschwinden lässt, derart geadelt werden. Blond ist engelsgleich, blond ist begehrenswert und lässt etwas von der üblichen irdischen Schwere durch eine scheinbare Leichtigkeit des Seins verschwinden. Engel sind hell gewandet. Ihr Erscheinungsbild in der Kunst orientiert sich an der Mode der Antike, die Pate gestanden hat. Dabei sind die langen, wallenden Gewänder für alle Flugübungen außerordentlich unpraktisch. Und wären die Engel herkömmlichen Turbulenzen unterworfen, würden sie unfreiwilligerweise mehr zeigen, als ihnen ziemlich ist. Außer den Putten darf dort niemand beinfrei sein. Das gehört sich für einen Engel nicht. In den Frühzeiten der menschlichen Fliegerei gab es absonderlicherweise keine eigentliche Fliegerkleidung. Und selbst die amerikanische Luftwaffe verlangte bis 1917 keine Schutzbekleidung. Die Piloten besorgten sich ihre Ausstattung selbst, aus Leder oder Flanell. Seit September 1917 sorgte aber ein regelrechter Luftwaffenbekleidungsausschuss für Vereinheitlichung der Flugausrüstung. Da es keine eigentlichen Vorbilder gab, orientierte man sich an den Tropenuniformen der Einheiten auf den Philippinen und nahm Baumwoll-Gabardine als Material, das von der Fliegerei schließlich 1938 auch in die allgemein übliche Sommeruniform des Heeres übernommen wurde. Dieser Stoff wurde in China hergestellt und hieß allgemein Chinos. Die weißen Soldaten erschienen darin rein und heldenhaft, entsprechend dem Bild eines guten Amerikaners. In unseren Tagen erlebte der Stoff eine Renaissance, und die Werbung nutzt die Geschichte entsprechend als Reklame.

Während bei den wirklichen Engeln des Himmels an ihrer mangelnden Farbigkeit und ihrem absoluten Weiß als Zeichen für das unendliche Licht kein Zweifel herrscht, können die Engel dieser Erde auch farbig sein, beispielsweise blau. Der „Blaue Engel“ ist in unseren Tagen ein „positives“ Zeichen für den Umweltschutz.

*Filmplakat für „Der Blaue Engel", 1929. (Hi)*

Entlehnt ist er dem berühmten Film mit Marlene Dietrich von 1929. Der Regisseur Josef von Sternberg hatte aus einem eher molligen, nicht allzu großen Berliner grauen Entlein eine Ikonengestalt geschaffen durch schräge Augenbrauen, geschickte Beleuchtung der Augen und Backenknochen, schmachtenden Herzmund, Abmagerung um 15 kg sowie durch Ziehen von Backenzähnen, um das Gesicht schmäler, markanter, sinnlicher zu machen. Und da sitzt sie dann in spärlicher Garderobe auf der Tonne, eine zweifelhafte Madonna im zweifelhaften Lokal „Blauer Engel" mit ihren langen Beinen, ihrem frechen Blick und dem schrägen Zylinder, alles Markenzeichen, die Emil Lubitsch und Billy Wilder weiter pflegen. Was allerdings 1977 die „Jury Umweltzeichen" dazu bewegte, die Grundlagen der Richtlinien für die Vergabe des „Blauen Engels" so zu nennen und entwerfen zu lassen, ist unbekannt. Das Ergebnis freilich verdankte man der Zusammenarbeit von Bundesinnenministerium, Bundesumweltamt und dem RAL (Auschuß für Lieferbedingungen und Gütesicherung). Der Geltungsbereich des Umweltzeichens umfasste zunächst Körperpflegemittel, Haar-, Raum- und Desinfektionssprays. Dabei ging es um die Vermeidung von ozonschädigendem FKW als Treibmittel und die Unschädlichkeit von Zusatzstoffen für die Umwelt. Später folgte als Galionsfigur der Produkte mit dem Blauen Engel das Umweltpapier, das man mit größtem Forschungsaufwand erfolgreich entwickelt hatte. Das Umweltpapier war geadelt durch sein Engelssymbol, ehemals ein Statussymbol von Schulen, später auch von Behörden. Leider ist seit 1996 der Umsatz um 50 % zurückgegangen. Von den jährlich auf der Welt produzierten 300 Mio. Tonnen Papier – eine Menge, die sich seit 1950 versiebenfacht hat und wofür jeder fünfte gefällte Baum geopfert wird– sind gerade 17 % aus Recycling gewonnen.

Eine weitere Adaption des „Blauen Engels" von Marlene Dietrich ist der Titel des ICE 595, der aus unerfindlichen Gründen so genannt wurde. Auch in der eigentlichen Produktwerbung werden als Engel verkleidete Menschen immer häufiger eingesetzt, was nur mit der allgemeinen Engelrenaissance erklärbar ist. Denn Werbung verstärkt nur vorhandene Wünsche oder weckt neue Begierden. Das beworbene Produkt gibt vor, uns eine kleine Ecke des verlorenen Paradieses zurückzubringen. Wer könnte dabei besser helfen als ein Engel, von dem man sich offenbar besonders gern verführen lässt. Mit Augen der christlichen Tradition oder dem biblischen Bericht betrachtet, ist die verführte Eva allerdings Opfer der Werbung einer Schlange (der Materialisierung der bösen Mächte bzw. des Teufels).

# Filmreife Engel

Das Medium Film ist seit 1929 mit der Verfilmung von Heinrich Manns Roman „Professor Unrat" und der unvergleichlichen Marlene als „Blauem Engel" das geeignete Medium, um mit „Lichtspielen" dem Engel zwischen seinen menschlichen Möglichkeiten und seiner göttlichen Lichtgestalt in allen Facetten glaubhafte Erscheinung zu verleihen. Seltsamerweise glauben die Menschen dem Auftritt des Engels im Film eher als seinem Erscheinen in der wirklichen Welt. 1946 entstand „Jede Frau braucht einen Engel" von Henry Koster. Dort begegnen uns die Engel Dudley (in der Gestalt von Cary Grant) und Clarence. Dudley tritt in Bischof Henrys (David Niven) Arbeitszimmer.
Dudley: Ich bekam die Anweisung, sofort hierher zu kommen.
Henry: Wer sind Sie?
Dudley: Ich bin ein Engel.
Henry: Wie meinen Sie?
Dudley: Ein Engel, zur Zeit ohne Flügel.
Henry: Ich wusste, ich habe zu viel gearbeitet.
Engel Clarence: Meinst du, dass die nicht an Engel glauben? ... Warum sind sie dann überrascht, wenn sie einen zu sehen bekommen?

Zentrale Gestalt des Films ist George, ein Mensch, der in Not geraten ist. Clarence, ein unerfahrener Engel, der sich seine Flügel erst noch verdienen muss, wird von oben hinabgesandt, um das Leben von George zu retten.

Filmische Qualitäten von hohem Niveau können auch in einem einzigen Bild zusammengedrängt sein, wie in der berühmten Fotografie „Engel über Dresden" von

*Zeitungswerbung für das „Deutschlandradio Berlin", 7. 10. 1999. (Hi)*

*rechte Seite:*

*Zeitschriftenwerbung für die „Europäische Teppichgemeinschaft für Deutschland" e. V., 18. 5. 1978. (Hi)*

*Zeitschriftenwerbung für Whiskey, 12. 12. 1974. (Hi)*

*Werbung für Kräuterlikör, 10/1981. (RSH)*

*Werbung für die „Deutsche Telekom", 10/1996. (RSH)*

AVERNA
AMARO SICILIANO
SPECIALITA ASSOLUTA
FRATELLI AVERNA
CALTANISSETTA
AMARO SICILIANO

Smuggler

Wunsch-
beratung.
Deutsche
Telekom

1946. „Der Krieg hat gezeigt, dass auch Schutzengel zu Tode verwundet werden können, dass auch Engel versagen ... Das Gedicht von Horst Lange erschien mit dem Foto des Engels über Dresden in der ersten Ausgabe der Zeit vom 9. Mai 1946. Das Foto wurde zum Symbol des machtlosen, besiegten Himmels. Die guten Engel schienen von luziferischen Mächten vernichtet.“ (Gabriele Lohberg).

„Müde müde auf den Schutt gebettet,
Plump und aller Höhe schon entwöhnt,
Unbeachtet und auch ungerettet,
Weil er keinen rettet, der jetzt stöhnt,
In der obren Ordnung mitgeboren,
Für die reinen Lüfte auserkoren.

Machtlos, machtlos in den Schmutz gefallen,
Da er stürzte, war der Himmel blank,
Unten hörte man den Donner hallen,
Auf der Erde, die vor Flammen krank,
Unbeirrt, in Kehricht und in Qualme,
Trägt er lächelnd seine Friedenspalme.“

Den Anfang der neueren Filmengel machte 1986 Wim Wenders mit „Der Himmel über Berlin“. Seine Engel sehnen sich nach Erfahrungen der Sinne, wie sie Menschen haben, um beispielsweise einmal zu spüren, wie sich die Zehen lockern, wenn man abends die Schuhe auszieht.

Der Film hatte ein Remake. In „City of Angels“ verliebt sich ein Engel und möchte zum Menschen werden. Um diese Liebe zu verwirklichen, hat er nur einen Tag bis zum Tod der Geliebten.

Und dann kommt schließlich in einem weiteren Film John Travolta daher, der in „Michel“ als saufender und rauchender Erzengel auftritt, der von der körperlichen Liebe predigt und dessen vier neue Apostel die Beatles sind. In einem anderen Werk haben wir Denzel Washington als himmlischen Boten in Schlips und Kragen, der es in „Rendezvous mit einem Engel“ versucht, mit Hilfe der Psychotherapie die Ehe eines Pfarrers zu retten. Etwas anderer Art ist der Auftritt des schützenden Geistes von Sam, der kurz vor der Hochzeit gestorben ist, nun aber aus einer wahrhaft anderen Perspektive seiner Freundin zu Hilfe kommen kann in „Ghost – Nachricht von Sam“, wo wir Patrick Swayze und Demi Moore erleben können.

*Figurenmalerin, Gussengel aus Papiermasse, Marolin, Steinach, 1997. (Hi)*

*Engel, Modell um 1920, Höhe: 17 cm, Marolin, Steinach, Guss 2000. (AM)*

*Leuchterengel, Modell um 1920, Höhe: 27 cm, Guss 2000. (AM)*

# Das Rauschen ihrer Flügel

Mit den Flügeln der Engel verbindet sich die Vorstellung des Behütetseins. Das fürsorgliche Verhalten der Engel gegenüber den Menschen gleicht auffallend dem der Vögel. Sie orientieren sich dabei an Gott, von dem natürlich auch die Vögel bei der Schöpfung jenes Verhalten erhielten: „Wie ein Vogel mit ausgebreiteten Flügeln wird der Herr der Heere Jerusalem schützen, es beschirmen“ (Jes. 31,5). „Die Cherubim sollen ihre Flügel ausbreiten oben überher, dass sie mit ihren Flügeln den Gnadenstuhl bedecken ...“ (2. Mos. 25,20). „Beschirme mich unter dem Schatten deiner Flügel“ heißt es im Psalm (Ps. 17,8), und Ruth bittet „breite deine Flügel über deine Magd“ (Ruth 39). Paul Gerhard (1607–76) dichtete: „Breit aus die Flügel beide, / O Jesu meine Freude, / und nimm dein Küchlein ein!“

Künstlerische Darstellungen statten die Engel mit Flügeln aus, die Vögeln nachempfunden wurden, und auch in den Mythologien der alten Kulturen auftraten. In Ägypten tritt Hurus, der Himmelsgott, als Falke auf, dem sich der Ibis zugesellt als Erscheinungsform von Thot, dem Gott der Schrift. In Indien reitet Vischnu auf Garuda, dem Sonnenvogel. In der Odyssee fliegen die Toten in Vogelgestalt in den Hades. Vielen schamanistischen Religionen ist gemeinsam, dass der Schamane vor seinem geistigen Höhenflug ein Federkleid anzieht, um in anderen Sphären Botschaften empfangen zu können.

In der großen Zeit der künstlerischen Auseinandersetzung mit dem Phänomen Engel, also vom 12. bis zum 15. Jahrhundert, bedeutete es eine nicht geringe Schwierigkeit, diese „ungesehenen“ Wesen überzeugend darzustellen. Es galt vor allem die technische Frage zu lösen, wo und wie die Flügel anzubringen sind und wie diese beschaffen sein müssen, um der Gesamterscheinung ein glaubhaftes Aussehen zu geben. Vorlage dafür konnte nur die Flügelgestalt der Vögel sein. An ihnen musste selbstverständlich auch ein Betrachter die gemalten Engel messen. Es mussten große und beeindruckende Vögel als Modelle dienen: Adler, Schwäne, Gänse oder prächtige Papageien mit paradiesischem Farbenspiel. Die negativen Gestalten der Hölle, allen voran ihr gefällter Fürst, mussten dagegen mit negativem Image ausgerüstet sein. Genügend Vorlagen fanden sich bei den Wesen der Tiefe und der Nacht: glitschige, schleimige und schuppige, dunkel gefärbte Fledermausflügel, deren Bestandteile falsch miteinander kombiniert sowie ins Monströse und Abscheuliche gesteigert wurden. – Auch in der griechischen und römischen antiken Kunst gab es für Engel künstlerische Lösungen, wie beispielsweise die Nike oder die Victoria.

Flügel bedeuten neben dem Behütetsein auch Geschwindigkeit, wie sie dem Menschen im vortechnischen Zeitalter nur in der Phantasie möglich war. Die geflügelten Engel besaßen eine Möglichkeit der Fortbewegung, die für den Menschen schier unvorstellbar sein musste. Kühn, aber christlich gerade noch hinnehmbar war der menschliche Wunsch, wenigstens ein Vogel sein zu dürfen, um Entfernung und Mühsal des Weges leicht zu überwinden: „Wenn ich ein Vöglein wär, und auch zwei Flügel hätt, flög ich zu dir. Weils aber nicht kann sein, bleibe ich all hier.“

Wenn dagegen jemandem „Flügel gewachsen sind“, wächst er oder sie schier über sich hinaus, vollbringt Unglaubliches. Wir ließen und lassen uns „von etwas beflügeln“, lassen uns „wie auf Engelsflügeln“ tragen.

Nehmen wir also an, dass die Flügel eines Engels nach den gleichen Prinzipien gebaut sind wie die eines Vogels. Dieser hat aber unter dem Federkleid von seiner Anatomie her erstaunlicherweise den gleichen schematischen Aufbau, wie das Vorderbein eines Reptils, Säugetieres oder Menschen.

*Thermik des Engelsfluges, 2000. (Hi)*

Alle Flügelknochen sind leicht und sehr widerstandsfähig, um den großen Kräften des Fluges standzuhalten. Bei einigen Vogelarten, etwa dem Albatros, dessen 3-m-Spannweite der bei Engeln vermuteten wohl nahekommt, sind sie hohl und wie mit Speichen innerlich verstrebt. Für das Schlagen dieser Flügel, also die Auf- und Abbewegung, müssen große Muskelkräfte aktiviert werden. Denn die Flügel funktionieren nach dem Hebelgesetz und die Kraft greift relativ kurz, um einen großen Ausschlag der Flügelenden zu bewirken. So ist die Konstruktion der Brust am Vogelskelett besonders beeindruckend. Der Brustkorb trägt vorn, wie einen breiten Kamm, ein mächtiges Brustbein, an dem die kräftige Flugmuskulatur ansetzt. Hieran wirken beim Flug die größten Kräfte. Man hat versucht, die Flügelgröße, Skelettkonstruktion und Muskelleistung der Vögel auf die Engel zu übertragen, um hinter das Geheimnis von deren Leichtigkeit des Seins zu kommen. Gemessen an den Vögeln ist der Flugapparat der Engel, wie wir sie aus der bildenden Kunst kennen, nämlich viel zu klein, um wirklich zu funktionieren, legt man unsere wissenschaftlichen, aus irdischer Erfahrung gewonnenen Berechnungsmethoden zugrunde. Wahrscheinlich fliegen nämlich Engel durchaus, obwohl sie gar nicht fliegen können dürften. Sie fliegen, weil sie Engel sind.

Die Berechnung mechanisch sinnvoller bzw. aerodynamisch wirksamer Flügel scheitert daran, dass uns eine wichtige Ausgangsgröße fehlt, nämlich das Gewicht eines Engels. Nähern wir uns also von einer bekannten Seite. Das günstigste Verhältnis zwischen Körpergewicht und Hebeleistung der Flügel lässt sich bei der kanadischen Gans feststellen. Pro $dm^2$ trägt die Flügelfläche 2 kg Gewicht. Die übliche Hebeleistung eines „Durchschnittsvogels“ liegt bei nur 250 gr = 0,25 kg je $dm^2$ Flügelfläche. Sehr große, schwere Vögel wie der Pelikan, mit einem Gewicht von 11–14 kg benötigen für ihre Fortbewegung bis zu 4 m (!) Spannweite.

Ein Engel von Größe und Gewicht eines erwachsenen heutigen Menschen, dürfte bei Spannweiten unter 10 m nicht vom Fleck kommen, es sei denn, für ihn gelten ganz andere Gesetze, an denen gemessen die irdischen Vögel und unsere künstlichen Flugapparate wie plumpe, dampfbetriebene Elefanten wirken müssen. Gemessen an den tatsächlichen biologischen Voraussetzungen des Vogels wäre ein Engel jedenfalls ganz unelegant, wüsste nicht wohin mit seinen Flügeln, die für ein normales Stehen jedenfalls mehrfach geknickt werden müssten. Die Flugmuskulatur würde jeden Supermann vor Neid erblassen lassen und jeden himmlischen Schneider in Verzweiflung treiben. Kein Engelkleid, keine Tunika, kein Flattergewand könnte sie hinreichend elegant verbergen, um den Engeln in unseren Augen eine schöne, elegante Gestalt als Spiegelbild seines Wesens zu geben.

Die Form der Engelsflügel variiert in mannigfaltigster Weise, weit mehr, als das an der technischen Engelsausstattung durch die bildende Kunst deutlich würde. Wir dürfen mit ziemlicher Wahrscheinlichkeit davon ausgehen, dass – wie bei den Vögeln – die Flügelform der jeweils spezialisierten Aufgabe und dem Einsatzort auf der Erde angepasst ist. Gemessen an den Waldvögeln, die kurze, gerade Flügel haben müssen, um sich unbehindert zwischen Bäumen und Büschen bewegen zu können, sind Engel beim Einsatz im dichten Bewuchs des Paradieses wie auch in großen irdischen Wäldern

*linke Seite:*

*Rauschgoldengel, Wachskopf, August Pese, Veitsbronn. (AM)*

*Rauschgoldengel, Folie, Holzkopf, Höhe: 34,5 cm, August Pese, Veitsbronn. (AM)*

*Engel, Wachskopf, Samtkleid, Federn, Höhe: 30 cm, Koestel, 2000. (AM)*

*Rauschgoldengel, Wachskopf, Koestel, 2000. (AM)*

sowie in den engen Schluchten der Großstadt und zwischen den gefährlichen Fernsehantennen der Hausdächer mit kleinen Flügeln von großer Wendigkeit gut ausgestattet. Engel mit eiligen Aufgaben hingegen benötigen, wie die schnellen Vogelarten, längere schmale Flügel. Beobachtende Engel, die für die himmlische Luftaufklärung eingesetzt sind, haben größere Spannweiten bei relativ breiten Flügeln, die es erlauben, die Thermik zu nutzen, in Spiralen sehr hoch aufzusteigen und im steten Gleitflug die rasche Aufwärtsströmung zu nutzen, ähnlich wie Bussard oder Adler. Dabei lassen sich mit reduziertem Energieaufwand weite Strecken zurücklegen, wobei man sich fragt, ob dieses Haushalten der Kräfte für den Engel, der ja auch keiner substanziellen Nahrung bedarf, überhaupt von Wichtigkeit ist.

Für punktgenaue Höhenbeobachtung ebenso wie für das Landen auf kleinstem Ort, etwa dem Balkon eines Hochhauses oder dem Knopf einer Fahnenstange (im mittelalterlichen Denkbeispiel auch auf der Spitze einer Stecknadel), bedienen sich die darauf eingerichteten Engel höchstwahrscheinlich des Schwirrfluges, wie man ihn etwa beim Turmfalken beobachten kann, wenn er über der Beute rüttelt. Wie es für den geübten Naturfreund leicht möglich ist, allein aus der Flugart und der Flugkurve die Vogelart zu bestimmen, ist das auch für die Feldbeobachtung von Engeln wichtig, um diese aus der Ferne observieren zu können und sie wenigstens grob ihrer Klasse zuzuordnen. Manche fliegen ganz gerade (wie der Star), andere in seichten, weichen Bögen (wie der Specht), wieder andere in kleinen steilen Bögen (wie der Fink).

Mutmaßungen über die Fluggeschwindigkeit der Engel anzustellen, ist aufgrund ornithologischer Erfahrung durchaus möglich. Doch es ist sicher zu einfach anzunehmen, kleine Engel brächten es wie kleine Vögel auf 30 bis 40 km je Stunde, während größere mit der

Flugleistung von Enten, Schwalben und Staren vergleichbar wären, die etwa das Doppelte, nämlich 60 bis 80 km je Stunde schaffen. Von diesen „Reisegeschwindigkeiten“ zu unterscheiden ist der blitzartige Noteinsatz mancher Engel, zur Hilfe oder Strafe. Die zum Sturzflug fähigen stoßen mit angewinkelten Flügeln hinab, wie der Turmfalke, dessen Geschwindigkeit von 184 km/h sie jedoch weit übertreffen. Denn sie bewegen sich doch bei Bedarf schneller als das Licht; ihr Flug gleicht dem Gedanken, der telepathischen Überwindung von Raum und Zeit.

Für die erreichten Flughöhen der Engel ist der Vogelflug nicht als Vergleichsgrundlage tauglich. Zwar wissen wir, dass manche Vögel unglaubliche Höhen erreichen, um weite Flugstrecken zu bewältigen oder Gebirge zu überwinden. So erreicht der Sperlingsgeier bis zu 11 000 m Höhe. Die großen Segler, etwa auch der Condor, können in der dünnen Luft zurechtkommen, weil sie beim kraftsparenden Segelflug nur wenig Sauerstoff zum Atmen benötigen. Künstliche Flugzeuge, wie die Concorde, bedürfen für den Auftrieb eines Minimums an Luftmolekülen. Daran freilich sind die Engel nicht gebunden. Sie fliegen aber anständigerweise meist unter gleichen Bedingungen wie Vögel, um diese nicht verzweifeln zu lassen an der täglichen Mühe, dass sie dabei den schönen Gesang ganz vergessen. Aber, wenn sie wollen oder sollen, bewegen sich Engel ganz anders, eben wie Engel. Sie sind mal dort und dann hier, das Dazwischen ist Gottes und ihr Geheimnis.

Wie viel Federn hat ein Engel? Das ist nicht zuletzt daher schwer feststellbar, weil die Engel an ihren Flügeln keine eigentliche Mauser erdulden müssen. Denn dann wären sie wie die Vögel wochenlang flugunfähig und müssten sich, wie Enten und Schwäne, Gänse und Kraniche, in dieser Zeit plump am Boden bewegen, bedroht von Raubzeug und bösen Buben. Gegen diese Mauserzeit der Engel spricht auch, dass die Reliquiensammlungen so wenig Engelsfedern enthalten, weil diese kaum je in größerer Anzahl zur Verfügung gestanden haben. Sie sind kostbare Einzelfunde von großer Seltenheit. Vögel aber tragen je nach Artzugehörigkeit und Größe unterschiedlich viele Federn. Bei Winzlingen, wie etwa dem Kolibri, sind es weniger als 1000. Die Kleinvögel unserer Heimat bringen es auf 2000 bis 4000 und größere, wie etwa die Enten, haben um die 10 000. Den Rekord hält der Zwergschwan, dessen Flugapparat durchaus in die Nähe von dem kleiner Engel kommt, mit nicht weniger als 25 000 Federn, die natürlich nur zum kleineren Teil auf die Flügel entfallen.

Federn sind wundersame Gebilde, mögen sie von Vögeln oder von Engeln stammen. Die Deck- und Schwungfedern bestehen aus einem Mittelgrat, dem „Kiel“, und Federfahnen zu beiden Seiten, die wie ein Baum Äste und Nebenäste haben, die so genannten Federstrahlen, und alles gebildet aus hornartigem Keratin. Winzige Haken halten die Federfahnen zusammen in der Art eines Reißverschlusses. Beim Putzen – jedenfalls machen es die Vögel so – werden diese Äste zur Wiederherstellung ihrer Funktionsfähigkeit durch den Schnabel gezogen. Dabei fügen sich die zerfletterten Fahnen wieder zusammen. Bei dieser Federpflege ist es vielen Arten möglich, durch das Fett aus der so genannten Bürzeldrüse die wasserabweisende Wirkung des Federkleides zu erhöhen. Engel besitzen höchstwahrscheinlich kein solches Organ, das ohnehin überflüssig wäre, da sie bei Regen eine Gestalt annehmen dürften, der sich die Frage nach Witterungsbeständigkeit nicht stellt.

„Es sitzt ein Engel auf dem Dach,  
Es regnet und er wird nicht nass,  
Er zählet seine Federlein,  
Es müssen zweiunddreißig sein“.

(im Originalgedicht heißt das Wort Engel eigentlich Adler)

# In höchsten Höhen

*Federleicht, engelgleich: Fundstück für die Reliquiensammlung oder Wunderkammer? oder schlicht: Flaum eines Jungadlers. (Hi)*

Die Ortsveränderung von Engeln, die ungeheuren Weiten, die sie überbrücken können, und die Schnelligkeit, mit der sie das schaffen, weist auf andere mögliche Fortbewegungsarten hin, wie sie in den Zukunftsgeschichten des Sciencefiction-Genres vorgestellt werden. Denken wir nur an das „Beamen", bekannt aus dem Raumschiff „Enterprise" („beam me up, Scotty"). Die Teleportation ist physikalisch gesehen nach unserem heutigen Wissensstand nicht möglich, andererseits aber nach den physikalischen Gesetzen auch nicht ausdrücklich verboten. Daraus resultiert, dass sie als theoretische Möglichkeit durchaus in Betracht zu ziehen ist, wie der amerikanische Ingenieur Paul Nahin in seinem Buch „Time Machines" meint.

Eine andere Form des körperlosen Fliegens funktioniert nämlich mit Hilfe des bereits 1913 von Merck als Abmagerungsmittel erfundenen Grundstoffes MDMA, das man in den 1960er Jahren in den USA zur Unterstützung psychotherapeutischer Behandlungen anwendete. Das Präparat machte sich von hier aus auf illegalen Wegen sozusagen selbständig. Seit den 1980er Jahren ist es bei uns bekannt und in den 1990er Jahren zu der Modedroge „ECSTASY" geworden. Diese Droge wird oft nur „E" genannt, was aber nicht Engel bedeutet. Die Verwendung von „ECSTASY" hat unbeabsichtigte Nebeneffekte, nämlich Halluzinationen, Personenverkennungen, Wahnvorstellungen, Wahrnehmung nicht realer Personen und Gegenstände, Störung der Denkleistung, manische Verstimmungen oder mehreres davon.

Das Fliegen oder das Aufsuchen großer Höhen kann zu ähnlichen Glücksgefühlen führen, mit ein Grund dafür, dass immer mehr Menschen auch im Gebirge nach Nervenkitzel suchen. Das Bergsteigen mutet dabei fast vorsintflutlich an. Im Jahr lassen 700 Menschen dabei ihr Leben.

Aufwärts geht es seit Jahren mit dem Gleitschirmsport. Wenn man im Sommer den Tegelberg bei Füssen aufsucht, einen der beliebtesten Treffpunkte in Deutschland für Hängegleiter, dann tummeln sich dort an guten Wochenenden Hunderte, und es sieht auf den beiden Rampen ins Tal aus, wie auf einem Engels-Verkehrs-Übungsplatz der himmlischen Gefilde. Denn 1987 und 1991 hat sich die Zahl der im Deutschen Hängegleiterverband organisierten Sportler vervierfacht. Drachenflieger und Hängegleiter bedienen sich beide einer Technik, wie sie ehemals vom Flugpionier Otto Lilienthal entwickelt worden ist. Er hatte den Vögeln ihre Geheimnisse abgeschaut. Dieses Suchen nach „Thrill", wie es etwa auch für das Bungee-Springen oder extremes Bergsteigen gilt, entsteht aus dem Kick von Angst und Lust.

Das Phänomen ist untersucht worden von dem amerikanischen Neurologen David McCobb von der Cornell Universität. Jede Stresssituation schüttet im Körper verstärkt Hormone aus. In den Nebennieren wird das Stresshormon Adrenalin gespeichert. Im „Notfall", dem echten oder sportlich provozierten, bekommen die Zellen der Nebenniere vom Gehirn das Signal zur Freigabe des Hormons. Es erhöhen sich Herzschlag und Sauerstoffaufnahme der Lungen. Ein wortwörtlicher Nervenkitzel. Zusammen mit anderen Stresshormonen wird der Botenstoff Dopamin mobilisiert, der Glücksgefühle auslöst. Danach folgt eine Ernüchterungs- und Erschöpfungsphase, wodurch wiederum das erneute Verlangen nach steter Wiederholung entfacht wird, die allerdings in immer höherer Dosis erfolgen muss, mit immer gewagterem Nervenkitzel, um den gleichen Effekt zu haben. Die immer weitere Steigerung des Maßes an Adrenalinausschüttung steigert das Risiko der Selbstvernichtung des Organismus durch einen Herzinfarkt oder Schlaganfall.
Der Höhendrang aber, wie zum höchsten Turm und höchsten Berg, ist eine uralte Sucht, um „über den Dingen zu stehen", sie „zu überblicken" und damit eher zu beherrschen, als unten zu bleiben, bei denen ohne Mut und Ambitionen. Der Blick von oben ermöglicht den Höhergestellten, sich in der Rolle Gottes, seiner Engel und Heiligen zu fühlen und die Struktur der Erde zu erkennen. Wie eitel! Wie vermessen! Versuchung, vom Teufel eingeredet. Hinab! Hinab! Hinunter kommt man immer.

Gefährlich ist es in jeder Beziehung, wenn jemand „höher fliegt, als ihm die Flügel gewachsen sind", d. h. mehr vorgibt, als er hergibt und sich auf unsicheres Gefilde wagt, von dem er selbst nicht zurückfinden kann. Die ältere Redewendung lautet im 16. Jahrhundert: „Die Flügel über das Nest hinausstrecken". Man denkt bei diesen Höhenflügen unwillkürlich an das Schicksal des tollkühnen Ikarus. Der jüngeren Generation hingegen wird eher das Lied von Nicole einfallen: „Flieg nicht so hoch, mein kleiner Freund, die Sonne brennt dort oben heiß, wer zu hoch hinauffliegt, der kommt in Gefahr ..." Die großen Höhen sind nicht zuletzt deshalb geheimnisvoll, weil dort die Grenzen zu finden sind, in denen ein Mensch überhaupt existieren kann. Die Herren Coxwell und Gaisher stiegen am 5. September 1862 mit dem Ballon so hoch auf wie Menschen nie zuvor. In 9000 m Höhe verlor Gaisher in der dünnen Luft bei vollem Bewusstsein die Sprache und konnte spontan auch nichts mehr sehen. Sein Partner konnte das verklemmte Ballonventil durch beherztes Hochklettern auslösen und den Abstieg einleiten. Der uralte Traum des Menschen vom Fliegen und das gegen Gottes Plan unerlaubte Aufsuchen großer Höhen zeigt sich auch bei musealer Präsentation der ehemals dazu verwendeten Gerätschaften.

So ist das National Air and Space Museum in Washington mit jährlich über 7 Mio. Besuchern die Betrachtung wert. Denn dort kann man beispielsweise ein echtes Stück Gestein vom Mond in der Hand halten. Auch lässt sich die Mondfähre Apollo 11 anfassen, und die gar nicht gelangweilten Kinder dürfen sich „Astronaut-Ice-Cream" aus Beuteln in den Mund pressen.

# Menschentraum vom Engelsflug

Ein fliegender Mensch kann zumindest im Äußeren einem Engel gleichen. Die Berichte über die ersten Versuche sind sehr alt. Auch wenn durch Schwinden der klassischen Bildung die Geschichte von Daidalos längst kein Allgemeinwissen mehr ist: Daidalos bedeutet auf Griechisch der „Bildner“, ein Mensch also, der etwas schafft. Um dem Zorn des Königs Minos zu entgehen, fügt er für seinen Sohn und sich große Fittiche aus Vogelfedern und Wachs und beide können fliegend Kreta verlassen. Leider kommt Ikaros, der Sohn, den vernünftigen Regeln des Vaters nicht nach, strebt „der Sonne entgegen“, und das künstliche Gebilde schmilzt, der Kühne stürzt ab. Der „besonnene“ Erfinder, der Vater Daidalos, hingegen gelangt heil nach Sizilien. Immerhin hielten sich in diesem Bericht flugtechnischer Erfolg und Misserfolg die Waage.

Eine andere Möglichkeit schien, starke Vögel, wie Schwäne, Gänse oder Adler, vor ein Luftfahrzeug zu spannen, um abzuheben, emporzusteigen, geflogen zu werden. Derart stellt sich der Wunschtraum bei den Völkern des Ostens in uralten, seit 4000 Jahren überlieferten Geschichten dar.

Es hat lange gedauert, bis man herausfand, dass es für den Menschen aussichtlos ist, sich mit eigenem Flügelschlag in die Luft zu erheben. Nachgewiesen hat das allerdings bereits schon 1680 der italienische Physiologe J. A. Borelli. Der Mensch sei schon an sich und erst recht durch die Belastung der Flugmaschine zu schwer, und seine Muskelkraft reiche nicht aus, dem entgegenzuwirken.

Das Verhältnis von der Größe der nötigen Flügel und dem Gewicht des zu hebenden Menschen berechnete zuerst der badische Landbaumeister K. F. Meerwein (1737–1810). Er ging dabei von der Wildente aus. 1785 scheiterte in Gießen sein praktischer Versuch, die Theorie umzusetzen.

Sein Schüler Jakob Degen, ein Uhrmacher in Wien, nahm statt der Ente den Adler zum Maßstab. Dabei kam er für den Menschen auf eine Größe der Flügel von 7 : 2,5 m. Eine ventilartige Vorrichtung sollte bei jedem Aufwärtsschlag Klappen aus Seide öffnen, beim Niederschlag aber verschließen. Ein Prinzip, das unabhängig von ihm bereits Leonardo da Vinci (1452–1519) theoretisch und zeichnerisch entwickelt hatte, ein Wissen, das mit seinem technischen Nachlass freilich erst gegen Ende des 19. Jahrhunderts veröffentlicht wurde.

Einem Schüler von Jakob Degen schließlich, dem berüchtigten (?) „Schneider von Ulm“, Josef Berblinger, hat Max Eyth als einem „200 Jahre zu früh Geborenen“ in seinem Roman ein Gedenken gesetzt. Sein Schwingenflugzeug wird tatsächlich mit Billigung des Städtischen Magistrates von Ulm konstruiert. Am 30. Mai 1811 schwingt er sich von der Startrampe über die Donau, es bricht ein Flügel, Berblinger stürzt in den Fluss. Das obligatorisch auf solche Sensationen folgende Spottgedicht bleibt nicht aus und hemmt erheblich die weitere theoretische Entwicklung des Flug-Gedankens. Schließlich aber wird die Frage der Flugfähigkeit des Menschen offiziell.

Denn 1872 beruft die Regierung des Deutschen Reiches zur Prüfung von Luftfahrtfragen einen Ausschuss von Sachverständigen ein: „Es sei kaum wahrscheinlich, dass der Mensch auch mit dem allergeschicktesten flügelähnlichen Mechanismus, den er durch seine eigene Muskelkraft zu bewegen hätte, instandgesetzt werde, sein eigenes Gewicht in die Höhe zu heben und dort zu

*Musikengel, Holz, Höhe: 21 cm, Dolfi, Grödner Tal, 2000. (AM)*

*Posaunenengel, Höhe: 26 cm, Dolfi, Grödner Tal, 2000. (AM)*

*Engel aus dem Grödner Tal:*
*Das Grödner Tal in Tirol mit seinen charakteristischen Spielzeugen, Puppen und Andachtsobjekten steht in der Entwicklung in Zusammenhang mit Berchtesgaden, Oberammergau, dem Thüringer Wald und dem Erzgebirge, deren Produktion als Vorbild gedient haben.*
*Auch hier haben die armen Bauern im Nebenerwerb den Holzreichtum der Wälder zum Drechseln und Schnitzen genutzt. Erst seit ca. 1700 entstehen hier in Heimproduktion Uhrengestelle, Bilderrahmen, Krippen, Kruzifixe, Heiligenbilder und zunehmend Spielzeug aus Zirbelkiefer. 1818 gab es bei 3500 Einwohnern schon 300 Schnitzer, 1846 waren 75 %, 1880 90 % der Bewohner Heimindustrielle. Typisch ist die „weiße“ (unbemalte) billige Ware, Pferd und Wagen, Vögel, Tiere, vor allem aber die „Grödner Gliederpuppe“, die über Holland als „dutch doll“ besonders nach England exportiert wurde. 1823 gingen 10 000 Dzd. ins Ausland; um 1900 sind Bestellungen von 1000 Gros (144 000) keine Seltenheit. 1873 schafft ein Schnitzer am Tag 20 Dutzend 4-cm-Puppen, ja 100 Dutzend in 24 Stunden. Großfamilien machen 1000 Dutzend je Woche. Die Firma Dolfi ist in ihrer Produktion dieser alten Tradition verpflichtet.*

erhalten“, wie Hermann von Helmholtz als Mitglied des Ausschusses das Ergebnis der Prüfungen zusammenfasste (Poeschel, 1927).

Die Durchführbarkeit des menschlichen Fluges ist jetzt aber ganz offensichtlich ein Politikum. Denn nur zwei Jahre später hält Heinrich von Stephan, der Reichspostminister, eine Rede vor dem Wissenschaftlichen Verein in Berlin und erörtert dort nichts weniger, als die zukunftsträchtige Luftfahrt in ihren Möglichkeiten gegenüber Eisenbahn und Schifffahrt: „Hingegen hat die Vorsehung den ganzen Erdball überall mit schiffbarer Luft umgeben. Unsere Kinder werden noch nach jedem Teil der Erde reisen können ohne Belästigung durch Qualm, Funken oder Seekrankheit und mit einer Schnelligkeit von zwanzig geographischen Meilen die Stunde (= 150 km/h.) ... In dem von Selbstsucht nicht einzupferchenden Reiche der Luft ist überall Platz. Die kleinen zwischenliegenden Staatsgebiete mit ihren verkehrsstörenden Durchgangsansprüchen, die Grenzen mit ihren Zollschranken und Passunbequemlichkeiten werden dem Menschen bei seinen Unternehmungen nicht mehr hinderlich sein.“

Von dieser theoretischen Zukunftsschau von 1874 werden es nur 22 Jahre sein, bis am 9. August 1896 Otto von Lilienthal in den Rhinower Bergen bei Berlin mit seinem Gleitflieger tödlich abstürzt. Er hat mit großem Erfolg den Segelflug untersucht, flugfähige Apparate gebaut und mit diesen beachtliche Strecken zurückgelegt. Der wirkliche Durchbruch, d. h. der Übergang vom Segelflug zum Motorenflug, der das Ganze mehr oder weniger wetterunabhängig macht, war allerdings erst möglich, als von einem gänzlich anderen technischen Feld, nämlich dem „Kraftwagengewerbe“, ein leichter, leistungsfähiger Motor zur Verfügung stand, der Benzinmotor von Karl Benz und Gottlieb Daimler. Ohne diesen hätten 1904 die Brüder Orville und Wilbur Wright bei ihren Motorflügen keinen Erfolg gehabt: nach 140 Übungstarts am 5. Oktober 1905 endlich den berühmte Motorflug von 38 Min. bzw. 39 km Länge.

*Schwungfeder an der Handschwinge (Möwe). (Hi)*

Bis zu den jüngsten großen Absturzkatastrophen, wie der der Concorde im Juli 2000 in Paris, galt das Flugzeug als „sicherstes“ Passagier-Transportmittel überhaupt. Diese allgemeine Überzeugung wurde von konkreter Statistik gestützt, da auf 100 Mio. Flugkilometer „nur“ 0,03 Menschen starben oder anders ausgedrückt: Es gibt 3 Opfer auf je 10 Milliarden geflogene Kilometer. Nimmt man aber die Zahl der Flüge als Basis, dann gibt es plötzlich pro eine Million Flugbewegungen 0,55 Menschen als Opfer, beim Auto hingegen nur 0,045 und bei der Bahn 0,027.

Die Zahl flugtransportierter Menschen ist auch in Deutschland enorm. 134,6 Mio. Fluggäste waren es 1990. Täglich starten und landen bei uns 4931 Flugzeuge, ohne kleine oder militärische Maschinen zu zählen.

Engel sind umweltfreundlich. Ihr Flug rückstandslos. Die menschliche Fliegerei ist es nicht. Sie ist laut und schmutzig: Pro Kilogramm verbrannten Treibstoffes werden nämlich 1,26 kg Wasserdampf gebildet und 3,15 kg Kohlendioxyd. Bei jährlich verbrannten 130–140 Mio. Tonnen Treibstoff entstehen 450 Mio. Tonnen Dioxyd, was 2 % der gesamten Produktion dieses Gases entspricht. Diese Stickoxyde bewirken einen globalen Anstieg der Ozonkonzentration in der oberen Atmosphäre, was wahrscheinlich die Engel weniger stört, aber sie müssen mit ansehen, wie die Abstrahlung von Wärme in den Weltraum teilweise verhindert wird und sich das Klima auf der Erde aufheizt. Der Anteil der Fliegerei am so genannten menschengemachten Treibhauseffekt liegt bei etwa 4 % im Jahr.

In den letzten Jahrzehnten hat sich durch die Raumfahrt der Blick nach oben und von oben erweitert. Die Nasa hat mit unbemannten Sonden acht der neun Planeten unseres Sonnensystems angeflogen und fotografiert. 1977 gestartet, hat die Sonde „Voyager 2" nacheinander Saturn, Jupiter, Uranus und Neptun untersucht und ist heute über 7 Milliarden Kilometer von der Erde entfernt, von wo die noch von ihr abgesetzten Funkzeichen 6 Stunden bis zur Erde brauchen. Eine derart lahme Nachrichtentechnik können die Engel kaum benutzen.

Der direkte Blick von oben auf die Erde zur Langzeitbeobachtung aus dem All wird demnächst aus der internationalen Raumstation ISS möglich sein. Bis 2005 soll die Anlage für insgesamt 124 Milliarden DM fertig sein, für die mindestens noch 44 Transportflüge nötig sind. Die orbitale Forschungsstätte wird dann so groß wie ein Fußballfeld sein.

Die Erschließung des Weltalls, das zuvor nur Gott und seinen Engeln vorbehalten war, hatte am 4. Oktober 1957 mit dem ersten künstlichen Satelliten der UdSSR angefangen. Nur vier Monate später erreichten die USA mit Explorer 1, einem Satellit von 5 kg Gewicht, die Erdumlaufbahn. Am 12. April 1961 war Jurij Gagarin der erste Mensch im All.

*Geburt Christi. Stich nach Martin Schaffner (1478–1547).*

An 20 000 Orten arbeiteten schließlich 400 000 Menschen 8 Jahre lang an der Entwicklung, die am 20. Juli 1969 den „kleinen Schritt" des Monderoberers in einen „großen Schritt für die Menschheit" verwandelte. Der erste Mensch auf dem Mond war ein Amerikaner.

# Der Engel Ordnungen

Die Engel, die den Menschen begegnen, sind einfache Engel, die untersten der himmlischen Hierarchie. Sie stehen dem menschlichen Wesen, trotz ihrer unirdischen Existenz, ziemlich nahe. Im Allgemeinen sind es Schutzengel, Botenengel und Totenengel.

Nur zwei Engel hat die Bibel mit Namen genannt, Michael und Gabriel (Dan. 12,1; Luk. 1.26). Jacob bittet den Engel vergebens, seinen Namen zu nennen (1. Mos. 32.29). Auch der Vater Simsons fragt ohne Ergebnis: „Warum denn solltest du nach meinem Namen fragen, wenn es ein wunderbarer ist?“ (Richter 13. 17,18). Engel sind Gottes verlängerter Arm. Sie treten auf sein Geheiß in Aktion. Nur Er ist um Hilfe anzurufen, nicht die Engel direkt. Paulus verurteilt es, Engel anzubeten (Koloss. 2.18). Der Apostel Johannes kniet vor dem Engel nieder (Off. 19,10), und dieser hindert ihn an der Ehrung: „Sieh dich vor! Tu das nicht! Ich bin nicht mehr als ein Mitsklave von dir und deinen Brüdern, die das Werk des Zeugnisgebers für Jesus innehaben. Bete Gott an!“

Die Menge der Engel liegt jenseits jeglicher menschlicher Vorstellungskraft. Ihre Aufgaben sind vielfältig. Als Erster hat Dionysios vom Areopag vor 1500 Jahren unter Einfluss des Neuplatonismus in seinem Buch irdische Ordnung in das angebliche himmlische Chaos zu bringen versucht und die Engel in drei Klassen (Hierarchien) zu jeweils drei Ordnungen (Chöre) eingeteilt.

Der Kirchenlehrer Thomas von Aquin (1226–1274) hat sich in der „Summa Theologica“, seinem Hauptwerk, ebenfalls mit der Theologie der Engel eingehend befasst. Er war dafür im Mittelalter der Fachmann schlechthin, und die zeitgenössischen Kollegen gaben ihm den Ehrentitel „doctor angelicus“, Doktor Engelsgleich. Engel seien nach Aquin unzählbar, von rein geistiger Natur und von Gott erschaffen, vielleicht schon als Erstes überhaupt. In Weisheit und Vollkommenheit unterscheiden sie sich sehr. Thomas überarbeitet die Hierarchie des Dionysios. Das Ergebnis ist das Folgende:

Die erste Hierarchie umfasst die Seraphim, Cherubim und Throne. Diese stehen mit dem göttlichen Wesen im engen Einklang. Ihr erster Chor bewegt sich dabei in der Güte Gottes, der zweite in seinem Wesen, der dritte in seiner Weisheit. Die zweite, mittlere Hierarchie umfasst Gewalten, die mitwirken bei der göttlichen Regierung der Welt. Dabei hat der erste Chor Befehlsgewalt, ist quasi der Generalstab. Der zweite Chor lenkt den Himmel und ist außerdem für Wunder zuständig. Der dritte Chor ist verantwortlich für die „Abwehr“ und hält Mächte in Schach, die die Ausführung des göttlichen Geistes stören könnten. Die dritte Hierarchie enthält die Fürstentümer, die Erzengel und alle anderen Engel, die Gottes Willen in der unteren Welt, auch bei uns auf der Erde, ausführen. Ihr erster Chor besorgt den sozusagen „öffentlichen Dienst“ für Fürsten, Länder, Regierungen und alle Obrigkeiten. Der zweite Chor ist zuständig für religiöse Angelegenheiten. Er übermittelt die menschlichen Gebete an Gott. Der dritte Chor, die unterste Kategorie dieser Heerscharen, ist dem einzelnen Menschen zum Schutz und als Wächter

Auch im Islam gibt es ein bis heute ungebrochenes aktives Engelwirken. Der Koran teilt sie in drei Klassen ein. Die ersten stehen vor Gott, um sein Lob zu verkünden; die zweiten halten das Unheil von Menschen fern (ähnlich den christlichen Schutzengeln); die dritten betätigen sich als Boten und überbringen Offenbarungen von Gott. Daneben aber existiert im Islam die Vorstellung einer weiteren Erscheinung der Engelswelt, eine esoterische: „Wenn der Mensch Gottes Gedenken übt oder meditiert, hat er nach einer alten Vorstellung die Engel in sich. Sie bauen dann etwa an göttlichen Palästen, hören aber im selben Moment damit auf, in dem auch der Mensch mit dem Gedanken aufhört. Das gibt dem Menschen einen Anhalt, im Gedenken Gottes nicht nachzulassen. Insofern geht hier eine Vermittlung von oben nach unten, korrespondierend zu der von unten nach oben.“ (Carsten Colpe). Der Islam verbietet, von diesen heiligen Dingen „sich ein Bild zu machen“. Die Kunst kann uns also kein Bild von Allahs Engeln vermitteln. Sie existieren in der starken Vorstellungswelt der islamischen Gläubigen.

*Hugo van der Goes († 1482), Die Anbetung der Hirten. Sta. Maria nuova in Florenz, um 1475 (Repro.-Stich).*

beigegeben. Aber auch unter ihnen gibt es Spezialisten für die Wirkung des kleinsten Kräutleins und für den unscheinbarsten Stein und dessen Rolle im göttlichen Gesamtplan. Der freie Wille der Engel verleitete einige zu Hochmut, Stolz und Neid, sodass Gott sie durch seine Qualitätsprüfung fallen ließ. Diese „gefallenen“ Engel und Dämonen wirken auf den Menschen negativ ein und sind die Gegenspieler der Schutzengel, die jeder Mensch, ob Christ, Jude oder Moslem, hat. Der Teufel und seine Knechte aber sind durchaus Teil des göttlichen Heilsplans, denn wie sollte der Mensch sich für das Gute entscheiden können, wenn er nicht das Böse überwinden müsste.

Wir wollen im Folgenden Dionysios und Thomas von Aquin folgen und die einzelnen Chöre der Engel betrachten:

**Seraphim:** 1. Chor der „oberen" (= 1.) Triade
Als höchste Klasse aller Engel und Wesen aus reinstem Licht umkreisen sie Gottes Thron. Unablässig singen sie dabei das hebräische „Kadosh": „Heilig, heilig, heilig ist der Gott, der Herr Zebaoth, alle Lande sind voll seiner Ehre." Der Prophet Jesaja hat sie gesehen und beschrieben: „Jeder hatte sechs Flügel. Mit zweien deckten sie ihr Antlitz, mit zweien deckten sie ihre Füße, und mit zweien flogen sie". (Jes. 6,2).
Der Name der Seraphim setzt sich aus zwei hebräischen Worten zusammen. „Ser" ist ein „Höheres Wesen" oder „Schutzengel"; „rapha" ist der „Heiler" oder Arzt.

**Cherubim:** 2. Chor der „oberen" (= 1.) Triade
Östlich von Eden hat Gott die Cherubim mit flammendem Schwert aufgestellt. Sie bewachen den Baum des Lebens. „Kerub" ist im Hebräischen ein „Fürsprecher"; aber offenbar entlehnten sie ihren Namen von den „Ka-ri-bu", den grausigen Wächtern der Paläste Babylons, wo das Volk Israel in der Gefangenschaft diese Flügelwesen kennengelernt haben dürfte. Ausgestattet sind die Cherubim mit zwei Gesichtern und vier Flügeln. Sie tragen Gott oder seinen Thron.

**Throne:** 3. Chor der „oberen" (= 1.) Triade
Die Throne „Ophanim" sind offenbar wagenförmig. Hesekiel berichtet (1,13-19): „Inmitten der Lebewesen sah es aus wie feurige Kohlenglut, wie wenn Fackeln zwischen den Wesen hin- und hergehen und heller Schein verbreitete das Feuer ... Und siehe, je ein Rad war auf dem Boden neben den Wesen, bei allen Vieren, und das Aussehen der Räder war wie der Glanz des Chrysoliths, und es hatten die Vier dieselbe Gestalt ... Und hohe Felgen hatten sie, und diese Felgen waren von Augen ringsum bei den Vieren. Und wenn die Wesen gingen, gingen auch die Räder neben ihnen. Und wenn die Wesen von der Erde sich erhoben, so erhoben sich auch die Räder." Dies scheint der „feurige Wagen" zu sein, mit dem Elias zum Himmel fährt (2. Kön. 2,11).

*„Christnacht", Xylographie nach der Zeichnung von Theodor Mintrop, um 1890. (AM)*

**Herrschaften:** 1. Chor der „mittleren" Triade
Herrschaften sind die „Kyniotes" oder hebräisch „Hashmallim". Sie regeln einerseits die „Pflichten der Engel" (Dionysios), andererseits sind sie Mittler der Gnade. Diese Herrschaftsgewalten heißen: Zadkiel, Hashmal, Yakriel und Muriel.

**Mächte:** 2. Chor der „mittleren" Triade
Die „Mächte", „Malahim", schenken Wunder und flößen Mut ein. So begleiteten zwei von ihnen Christus bei seiner Himmelfahrt. Die Fürsten der Mächte sind: Micha-el, Gabri-el, Rapha-el, Bari-el, Tarshish und auch Santan-el, bis Gott ihn aus dem Himmel wirft.

**Gewalten:** 3. Chor der „mittleren" Triade
Die „Potestates" oder „Dynameis" bewachen die Grenzen zum Himmel und hindern die Dämonen daran einzudringen. Diese Engel scheinen ein Spiegelbild der Seele zu sein, wie ein Kampfplatz guter und schlechter Mächte. Einer von ihnen, Cana-el, kommandiert nicht weniger als 144 000 Engel der Zerstörung, Rache und Strafe.

**Fürstentümer:** 1. Chor der „unteren" (= 3.) Triade
Die untere Triade und ihre Himmelsregion ist unserer Welt am nächsten. Hauptsächlich mit ihren Vertretern hat sich der Mensch auseinander zu setzen. Die Klasse der Fürstentümer haben die Völker der Erde und die Städte als Aufgabe. Sie sind aber auch Beschützer der Religion.

**Erzengel:** 2. Chor der „unteren" (= 3.) Triade
Diese Engel sind heute die bekanntesten. Es sollen sieben an der Zahl sein, vier sind sicher mit Namen zu benennen, Michael, Gabriel, Raphael und Uriel. Die übrigen drei sind unter den folgenden zu suchen: Metatron, Remiel-Sariel, Anael, Raguel und Raziel.

**Engel:** 3. Chor der „unteren" (= 3.) Triade
Als niedrigster Chor aller Engelsordnungen stehen diese einfachen Engel dem Menschen am nächsten. Hieraus rekrutieren sich die eigentlichen Vermittler zwischen Gott und Menschen. Sie sind Fürsprecher für uns.

*Leuchterengel, Holz, gedrechselt, Höhe: 26 cm, Erzgebirge, um 1920. (AM 1995/1235)*

# Die Erzengel

**Gabriel**

Gabriel ist der Verkündigungsengel. Sein Name lässt sich deuten als „Gott ist mächtig". Gabriel verkündet dem Menschen die Wiedergeburt göttlichen Geistes im Menschen. Sein Name geht zurück auf ein ursprünglich wohl sumerisches Wort, das so viel wie Steuermann oder Statthalter bedeutet. Im Gegensatz zu den anderen Erzengeln, die eher geschlechtslos erscheinen, ist Gabriel eindeutig weiblich, während Michael mit männlichen Zügen auftritt. Zu seinem weiblichen Charakter passt auch die Übermittlung von Schwangerschaftsprognosen, die er als Überbringer göttlicher Botschaften mitteilt, so an Zacharias für die Geburt von Johannes (dem Täufer) und an Maria für die Geburt Christi. Als Zeichen der Jungfräulichkeit Mariens trägt Gabriel eine weiße Lilie. Erstaunlicherweise begegnet uns auch dieses Motiv im griechischen Sagenkreis: Die Jungfrau Juno empfängt ihren Sohn Mars ohne männliches Zutun mittels einer magischen Lilie! Einige der Beinnamen der Juno deuten auf Ehe, weibliches Geschlechtsleben und Geburt.

*Kunstgewerbe aus dem Erzgebirge*
*Die kunsthandwerkliche Produktion des Erzgebirges entwickelte sich aus dem Nebengewerbe der Bergleute und Kleinbauern. Man nutzte den Holzreichtum der Wälder und die Wasserkraft der Bergbäche, um Drehbänke anzutreiben. Haushaltsgeräte wie Schachteln, Teller und Spindeln machten den Anfang. Es folgten seit 1800 die bekannten „Reifentiere", deren Profil jeweils umlaufend in einen hölzernen Ring gedrechselt wird. Dieser Ring ergibt aufgespalten einzelne Tiere von gleicher Gestalt, wie sie in Massen Spielmenagerien, Jagden und die Arche Noah bevölkern. Die andere Methode ist das Drechseln aus dem Vollen zur Erzeugung zylindrischer und balusterförmiger Gebilde wie Treppengeländer und Möbelfüße sowie von menschenähnlichen Holzpuppen, den „Docken". Die Männelmacher stellten neben Spielpuppen für Mädchen auch Nussknacker, Räuchermännchen und Lichterträger vor allem in der Form von Bergmann und Engel her, die traditionell ein Paar bilden. Der Engel wird dabei als „Frau" des Bergmannes verstanden und zu Weihnachten ins Fenster des Hauses gestellt. Diese Figuren sind typisch für erzgebirgische Weihnachten und nicht für den Handel oder Export bestimmt. Der Erfinder des Nussknackers, wie wir ihn heute kennen, Wilhelm Füchtner (1844–1923) hat eindrucksvolle Engelsfiguren des Dockentyps gedrechselt und bemalt. Während Kopf, Körper und Beine aus einem Stück gedrechselt sind, werden Arme und Füße häufig anmodelliert aus Brotteig oder plastischen Massen, die Leim und Sägespäne enthalten.*

1999 entbrannte zwischen dem Vatikan und der moslemischen Gemeinde von Nazareth ein Streit um den Platz vor der Verkündigungskirche. Ausgerechnet dort soll nach dem biblischen Bericht (Luk. 1,31) Gabriel erschienen sein, um Maria mitzuteilen: „Siehe, du wirst schwanger werden ..." Nun aber sollte dort am 23. November der Grundstein für eine Moschee gelegt werden, direkt neben dem christlichen Heiligtum. Johannes Paul II. betrachtete es als einen der Höhepunkte seines Lebens, mit Katholiken dort zu beten. Aus Protest ließ der Vatikan für 48 Stunden alle katholischen Kirchen im Heiligen Land schließen, was die Mohamedaner als Sieg ihres Glaubens betrachtet haben dürften.

**Raphael**

Raphael ist der Engel der Christnacht. „Fürchtet euch nicht!", ruft er den entsetzten Hirten am Stall von Bethlehem zu. Ein Gruß allerdings, mit dem alle Engel

Wendt & Kühn

*linke Seite:*

*Vierstufiger Engelberg mit Madonna und Engelmusikanten, Wendt & Kühn, Grünhainichen / Erzgebirge, aktuelle Produktion.*

*Am Zeichentisch bei Wendt & Kühn.*

*Wendt und Kühn, 2 Postkarten-Motive*

*Wendt & Kühn*
*Margarete Wendt und Margarete Kühn haben die königliche Kunstgewerbeschule in Dresden besucht. M. Wendt entwirft 1913 die Miniaturengruppe der Beerensammler als Wettbewerbsarbeit für „gute Reiseandenken" des Landesvereins Sächsischer Heimatschutz. Aufbauend auf diesen Erfolg gründen die beiden 1915 die OHG „Wendt & Kühn". Als Grete Wendts Bruder Johannes 1919 die kaufmännische Leitung übernimmt, firmiert man als „Wendt & Kühn", obwohl M. Kühn 1921 nach ihrer Heirat ausscheidet. Trotz eines reichen Angebots an bemalten Truhen, Spanschachteln, Puppenmöbeln, Lichterkränzen und Weihnachtskrippen werden die aus Drehkörpern zusammengesetzten lebendigen Miniaturfiguren von „Kindern" immer mehr zum Schwerpunkt der Produktion. 1932 umfasst die Kollektion bereits über 800 verschiedene Figuren. 1946 werden 50 % der Firma enteignet. Johannes Wendt stirbt. 1954 tritt Hans Wendt, ein Drechsler und Ingenieur, in die Firma als Komplementär ein. 1972 erfolgt die Zwangsverstaatlichung der Firma und die Umbenennung in „VEB Werk-Kunst", wobei Hans Wendt Betriebsdirektor bleibt. Es gelingt ihm, dem Zwang zur Massenorientierung entgegenzuwirken und weiterhin hochwertiges Kunstgewerbe herzustellen. 1979 verstirbt Grete Wendt. 1990 glückt die Reprivatisierung unter dem alten Namen „Wendt & Kühn". Bis heute folgten wesentliche Erweiterungsbauten, Restaurierung alter Gebäude und Modernisierungen.*
*Zur Zeit fertigt man ca. 400 Artikel. Verarbeitet werden vor allem Buche und Linde. Bemalung erfolgt mit Spirituslack. 180 Angestellte erwirtschafteten 1999 einen Umsatz von 12,3 Mio. DM. Nur 13–15 % gehen in den Export in die USA, nach Japan, Skandinavien, Österreich, Schweiz oder in die Niederlande. Man beliefert 800 Fachhändler und zwei Großhändler in Deutschland. Die Unternehmens-Philosophie lautet: Trotz Produktionserhöhung „Klasse statt Masse"; Festhalten an einem hohen Maß an Handarbeit; Arbeiten nach traditionellen Entwürfen von Grete und Olly Wendt.*

den überwältigten Menschen begegnen müssen, um den ersten Schock zu mildern. Raphael ist der Pilger durch die Welt, der den Wanderer, die menschlichen Seele, als Weggefährte begleitet. Er ist somit ein Urbild des Schutzengels. Als solcher heilt und tröstet er die menschliche Seele.

Sein Name bedeutet „der Glänzende", derjenige, der heilt, abgeleitet vom hebräischen „Rapha", dem Heiler oder Arzt. Als Anführer „der Kräfte" ist ihm der Baum des Lebens zum Schutz anvertraut.

Die eindrucksvollste Geschichte, die auch in der Malerei immer wieder dargestellt ist, ist der biblische Bericht von Raphael als dem Reisebegleiter und Berater von Tobias. Er reist unerkannt in Verkleidung und zeigt dem jungen Tobias, wie er den gefangenen Fisch nutzen soll: „Das Herz, die Galle und die Leber behalte, denn sie sind Arznei ... die Galle ist gut, die Augen damit zu salben, dass sie einem den Star vertreibe."(Buch Tobias, 6) Raphael heilt auch die Hüfte Jacobs, die er sich beim Ringen mit einem anderen Engel ausgerenkt hat (1. Moses 32).

**Uriel**
Uriel ist der Erzengel, von dem uns die Bibel das unklarste Bild vermittelt. Sein Name bedeutet so viel wie „Feuer Gottes" oder die „Flamme Gottes". Er ist Seraph und Cherub zugleich und hat die unangenehme Aufgabe, die Hölle zu beaufsichtigen. Er ist gleichzeitig der Nachfolger des unbotmäßigen, aus dem Himmel verstoßenen Luzifer und wie jener ein Lichtträger. Seine Waffe ist das Feuer, mit dem er auch die Seelen grober Sünder bestraft. Vor allem aber ist er Träger des Flammenschwertes und bewacht damit das Tor zum Garten Eden. Uriel wird auch als jener Engel identifiziert, mit dem Jacob ringt, um seines Segens teilhaftig zu werden: „Ich lasse dich nicht, du segnest mich denn"(1. Moses 32, 27). Mitunter wird er auch als blitzschneller Bote eingesetzt, denn er hat die besten Augen aller Engel. So warnt er etwa Noah vor der Sintflut.

**Michael**

Michael ist der beliebteste und tatkräftigste von allen Engeln. „Quis ut Deus“ ist das Motto auf seinem Schild und die Ausdeutung seines Namens: „Wer ist wie Gott“. Als großer Krieger vollendet er schier Unglaubliches. So tötet er allein in einer einzigen Nacht 185 000 Mann des Heeres von Sanherib von Assyrien, der 701 v. Chr. Jerusalem belagerte. Er ist es auch, der auf Geheiß Gottes Satan besiegt und aus dem Himmel wirft. Er besitzt die Kette, die Satan bindet, und den Schlüssel zur Hölle. Und beim Jüngsten Gericht wägt er die Seelen ab. Diese Tätigkeit deutet vielleicht auf sein Vorbild Anubis hin, der in Ägypten die Herzen der Toten abwägt, und dessen schakalköpfige Gestalt die Kinder Israels bei der ägyptischen Gefangenschaft kennen gelernt haben können. In dessen Waagschale legt die Himmelskönigin Nut eine Feder als Gegengewicht.

Da die Gerechtigkeit Gottes das Prinzip seiner Tätigkeit ist, ist Michael der Wägemeister, der mit der Waage in der Hand am Jüngsten Tag die Seelen wertet und die von achtbarer christlicher Schwere von den zu leicht befundenen absondert. Dies ist auch so zu verstehen, dass er die Waage uns vorhält zum Abwägen unserer selbst, das Gute gegen das weniger Erfreuliche in jedem von uns. Michael wurde nicht nur als Anführer der Himmlischen Heerscharen verehrt, sondern ist auch Fahnenträger der irdischen Streitmächte. So ist seine Erwähnung auch bei der Ritterweihe kein Zufall. In den Schlachten gegen die Ungarn 933 und 955 führten ihn die Sachsen als Feldzeichen. Es steht prophezeit im Buch Daniel, dass Michael wieder erscheint und tätig werden wird, wenn die Welt in großen Nöten ist (Dan. 12). Ein Motiv, dass uns sofort an „schlafende“ nationale Helden erinnert, wie Barbarossa im Kyffhäuser oder den dänischen Holger Danske.

Die dem Erzengel Michael geweihten Kirchen gehören zu den ältesten. Sie liegen, wie die alten Heiligtümer des Merkur, auffälligerweise oft auf Hügeln. Tatsächlich scheint man viele von ihnen auf die Ruinen der Vorgänger gesetzt zu haben. Das Michaelsfest hatte unterschiedliche Termine, so den 15. März, den 8. Mai und den 29. September. Man einigte sich auf den Mainzer Konzil schließlich auf den Herbsttermin, der allerdings keinen anderen Bezug zu Michael hatte, als die Einweihung, die sogenannte „Engelsweihe“, der Michaelskirche in Rom am 29. September 493. Da Michael der Seelenführer ist, sind ihm auch viele Friedhofskapellen geweiht. Manchenorts wird an seinem Festtag das Erntefest abgehalten. In einigen Gegenden muss die Gans, für die St. Martin sonst den Anlass gibt, als „Michaelsbraten“ herhalten, so in Schweden, England, Flandern und am Niederrhein. Mit der „Lichtgans“ zum Michaelsfest endet der helle Teil des Jahres, der mit Mariae Lichtmess beginnt. Der Michaelsbraten, vom Meister gestiftet, läutet nun die dunkle Jahreszeit ein, in der die Gesellen fortan bei künstlichem Licht arbeiten müssen.

Luther, der sonst von Engeln nicht gerade angetan war, hat zwar zu Ehren von Michael Predigten verfasst, das Michaelfest am 29. September aber nicht als Engelsfest verstanden, sondern als ein Fest Gottes, der die Engel geschaffen hat. Ausdrücklich verwirft Luther die „Anrufung“ der Engel, auch Michaels, womit der offiziellen kirchlichen Engelsverehrung ein Ende gesetzt war. Mont St. Michel, der Michaels-Berg mitten im Meer in der Normandie, der eine Entsprechung auf der englischen Seite hat, war von allen Heiligtümern des Erzengels Michael im Mittelalter das berühmteste.

In die Normandie machten 1458 und mehrmals in den folgenden Jahren Scharen von Kindern aus Schwaben als „Michelskinder“ so genannte „Kindfahrten“, Pilgerfahrten, von denen niemand zurückgekehrt sein soll. Magister Johann Herold widmete dem ganzen eine Schrift: „Peregrinatio puerorum subito concitatorum ad St. Michaelem in Normandia Galliae“. Antrieb für die Wallfahrten war wahrscheinlich das Gerücht, dass die Kinder dort am Festtag Michaels sofort zu Engeln würden. Der Anstieg zur Michaelskirche auf der Spitze des eindruckvollen Berges machte diese Möglichkeit unmittelbar nachvollziehbar. Man war näher bei Gott und seinen Engeln. Wir wollen im Folgenden sehen, wie Michael seine vielfältigen Aufgaben als Höllenwart, Satansbändiger, Seelenbegleiter und vieles andere meistert. Von seiner ursprünglichen Aufgabe, der Oberste der jüdischen Engel und der Schutzengel Israels (Daniel 10,13 und 12,1) zu sein, wurde Michael in der späteren apokalyptischen Tradition umgedeutet als der Sieger über die gottesfeindlichen Mächte sowie Satan und seinen Drachen, den er in den Abgrund stürzt (Apokalypse 12,7–8 und 20,2–3). Sein Platz ist an Gottes rechter Hand. Er ist der Wächter der göttlichen Geheimnisse und er verwaltet auch die himmlische Buchführung. Er vertreibt Adam und Eva mit dem Flammenschwert aus dem Paradies und hindert Abraham daran, Isaac zu opfern. Er teilt das Rote Meer in Gottes Auftrag und führt in das gelobte Land. Er kämpft mit Satan um die Seele von Moses (Judas 9) und bläst am Tag des Jüngsten Gerichtes die Posaunen (1. Thess. 4,16). Er begleitet die Seelen und nimmt sie im Paradies entgegen. Gregor der Große sagte: „So oft eine Tat wunderbarer Kraft und Herrlichkeit vollbracht werden muss, wird Michael ausgesandt, dass man durch seine Tat und seinen Namen erkennen möge, dass niemand vermag, was Gott kann". (Homilien, 34,9 = Migne: Patrologia latina). Dieses ist, wie wir nun wissen, nichts anderes als die weitere Auslegung des Namens von Michael, „quis ut deus", der Gott gleichgestellt werden kann. Michael als Personenname von Menschen begegnet uns nicht vor dem späten Mittelalter. Denn Michael und sein Name sind von ähnlich hohem Rang wie Christus und Maria, und niemand wagte wohl, sich wie diese zu nennen. Michael wird mit Christus und Maria in einem Atemzug genannt, etwa in der Messe, wenn es darum geht, die Sünden zu bekennen: „Ich bekenne vor dem allmächtigen Gott, vor der heiligen Jungfrau Maria und vor dem heiligen Erzengel Michael, vor dem heiligen Johannes dem Täufer, und den heiligen Aposteln Peter und Paulus, vor allen Heiligen und vor meinen Brüdern, dass ich gesündigt habe ..."

Michael wurde von den alten Isländern und überhaupt im Norden als der Häuptling der Engel, „Höfut-Engil", verstanden. Die kirchliche Liturgie nennt ihn „Princeps militiae angelorum, quem honorificant". In den Hymnen ist er der „dux angelorum", ihr Fürst. Der Sieg über den Satan in Drachengestalt macht ihn zum Schutzheiligen für die Krieger und die christlichen Heere bei Kämpfen gegen die Heiden z. B. unter Heinrich I. und Otto dem Großen. Michael ist ein streitbarer Engel. Im Judasbrief (Vers 9) heißt es: „Als der Erzengel Michael im Streit lag mit dem Teufel über den toten Leib von Moses, wagte er nicht strafende Worte zu nutzen in dem Richtspruch, den er über ihn fällte; er sagte: ‚Der Herr strafe dich'." Diese jüdische Legende machte Michael zu demjenigen, der für den Glauben kämpft, nicht allein als Anführer der himmlischen Heerscharen im Kampf gegen das Böse, sondern ganz konkret als Vorkämpfer für den Einzelnen im Augenblick des Todes. Er nimmt die Seele entgegen, verteidigt sie gegen Anfechtungen, trägt sie in Abrahams Schoß oder wägt sie am Tage des Jüngsten Gerichts. So lautet beispielsweise die kirchliche Antiphon, die an Michaels Tag gesungen wird: „Michael archangelus, veni in adjutorium populo dei", komme dem Volk Gottes zur Hilfe. Diese Funktion geht auch in die Seelenformel ein, die wir auf den Bestattungsmonumenten der frühen christlichen Zeit im Norden, auf den Runensteinen finden können: „kristr hialbi siolu (au) biarnar auk ku (niltar) auk santamihel ilius auk baratis" (Christ + Sanct Michael helfe Ødbjørns + Gunilds Seele ins Licht und ins Paradies; Runenstein von Klemensker, Bornholm). An anderer Stelle heißt es: „Mihel gætti and hans", Michael kümmere sich um seinen Geist (Ängby, Uppland/Schweden) usw.

Michael und St. Petrus sind die Mitstreiter der Missionare. Bei der deutschen Mission spielen sie eine große

Rolle. Der heilige Bonifacius baut bei Geismar eine St. Peters Kapelle vom eigenhändig gefällten „heidnischen“ heiligen Eichbaum. In Ohrburg baut er ein Michaelskloster. Vom frühen Mittelalter an war Michael der Engel, der die Seelen in das andere Leben führte, ein Psychopompos. Er übernahm Merkurs Rolle. Die Tempel von beiden liegen hoch oben, so nah an Gott wie möglich. Ein Hügel im Vendée (Frankreich) heißt noch immer „Saint-Michel-Mont-Mercur“.

Michael stammt aus dem Osten. Mit den Griechen kam seine Verehrung nach Süditalien, wo die Langobarden ihn dann formten zu dem Bild, das wir heute noch von ihm kennen. Mit Resten von griechischen Legenden entstand die Geschichte, die ihn wirklich populär machte und seinen Kult verbreitete: das Wunder auf dem Berge Gargano in Apulien, wo er im Jahre 390 sich in einer Felsenhöhle zeigte. Die Bedeutung dieses im 5. Jahrhundert eingeweihten Höhlenheiligtums wird später, 709, von Mont St. Michel in der Bretagne übernommen. „Denn der Berg ist auf allen Seiten eingeschlossen vom Meer und zweimal am St. Michaelstag schwindet das Meer und gibt dem Menschen freien Zugang“ (Legenda Aurea). Von hier verbreitet sich der Kult, bis Ludwig der Fromme 813 in Mainz ihn auf den 29. September verlegt „in die bis jetzt zur Ehre Odins heilige Woche vor Anfang des Herbstes“. Die Legenda Aurea begründet auch, warum wir die Engel in dieser Funktion ehren sollen: „Weil sie unsere Seele gen Himmel führen“. Das machen sie auf drei Arten: „Erst bereiten sie den Weg“ (Malachias 3). „Zweitens begleiten sie die Seelen auf den bereiteten Weg zum Himmel“ (2. Mos. 23,20). „Drittens setzen sie die Seele in den Himmel ein“ (Lukas 16). Als Maria gestorben ist, kommt am dritten Tag Christus mit den himmlischen Heerscharen zu ihrem Grab, um sie zu erwecken: „Da nickte der Herr und bald war auch der Erzengel Michael anwesend und brachte Marias Seele vor den Herrn“ (Legenda Aurea).

Der apokalyptische, posaunenblasende Engel, der die Toten am jüngsten Tag erweckt, wird ebenfalls als Michael identifiziert. Diese Rolle Michaels kommt auch in der Ordo commendatio animae, der Liturgie zum Seelengedenken, zum Ausdruck: „lass den grausamen Satan und seine Knechte vor dir weichen, lass ihn erzittern, wenn du erscheinst, wenn die Engel dich begleiten und lass ihn fortfliehen in die bodenlose Tiefe der ewigen Nacht, dass alle die Legionen der Unterwelt in Verwirrung fallen und sich schämen und die Diener des Satans nicht wagen, dich auf deinem Weg anzuhalten ... Herr führ deinen Diener in dein Reich, lass den heiligen Michael, Gottes Erzengel, ihn empfangen, lass Gottes heilige Engel, die die Macht über die Heere des Himmels haben, ihn empfangen, lass Gottes heilige Engel ihm entgegenkommen und ihn in das himmlische Jerusalem führen.“

Michael hatte sich am Garganoberg in einer Höhle gezeigt, und dieses Höhlenheiligtum bekam viele Nachfolger. Höhlen hatten alte Wurzeln. An den Berg Taenaron auf der Südspitze der Peloponnes knüpfte sich die Sage, dass Michael bei einer Felsenhöhle sich zeigen würde. Man glaubte im Altertum, dass an dieser Stelle der Eingang zum Hades läge. Hier sollte er die Seelen retten, denen Gott ihre Sünden verziehen hatte. Dieses besondere Verhältnis Michaels zum Unterirdischen zeigt sich in christlich-orientalischen Legenden: Michael steige jährlich an seinem Festtag zur Hölle hinab, um dort Seelen aus der Tiefe heraufzuholen. An diese Höhlen bindet sich auch seine Rolle als Drachenkämpfer (Apokalypse). Er übernimmt Apollos Stellung, der das Schlangenungeheuer Python verjagt hatte. Dass Michael auf dieser Grundlage zum Torwächter der Höhle ausersehen war, ist verständlich.

*Flachshaar-Engelskind mit Stern und Puppe, Höhe: 4,5 cm, Flade/Wiltner, Dresden und Olbernhau, seit 1991. (AM)*

*Flachshaar-Engel im Stil der 1960er Jahre, Holz, Messing, Höhe: 10,4 cm, Helmut und Traute Flade. (AM)*
*Sächsische Miniaturen der Werkstätten Flade/Wiltner in Olbernhau und Dresden*

*Die Anfänge für die charakteristischen Flachshaarengel gehen zurück auf erste Entwürfe Dr. Helmut Flades von 1955, die nicht in Serie gehen – im Unterschied zu den Märchenfiguren und den Figuren nach Wilhelm Busch, die seit 1967 entstehen. 1990 gründet Traute Flade (auf die die Flachshaarperücken zurückgehen) die „Werkstätten Flade" in Olbernhau sowie die Tochter Anneli mit ihrem Mann in Dresden die „Werkstätten Wiltner". 1991 entstehen die ersten sieben der Flachshaar-Engels-Kinder. 1993 übernimmt die jüngere der beiden Flade-Töchter, Kerstin Drechsel, die Geschäftsführung in Olbernhau. 1994 vereinigt sie sich mit der Dresdener Werkstatt. Beide eröffneten ein neues Haus, die „Werkstätten Flade & Wiltner – Sächsische Miniaturen". Einfühlsamste Drechslerei en miniature, handgemachte Perücken, feinste Malerei in Akryl und Spiritusfarben vollenden die Entwürfe zu ganz individuellen Figuren von höchstem künstlerischem Niveau und handwerklicher Qualität, die auf der Technik und Tradition der klassischen erzgebirgischen Produktion beruhen.*

# Schutzengel und Seelenbegleiter

O Engel rein, o Schützer mein,
Du Führer meiner Seele,
Lass mich dir anbefohlen sein,
Dass ich vor Gott nicht fehle!
Bei hellem Tag, bei finstrer Nacht,
Dein Licht in mir lass scheinen;
Halt über mich getreue Wacht,
Mein Herz richt nach dem deinen!

Trag mein Gebet zu Gottes Thron,
Und fleh für meine Sünden;
Durch seinen eingebornen Sohn
Hilf mir Vergebung finden.
Weck mich aus meiner Trägheit auf,
Zum Eifer mich antreibe;
Halt vor, wie kurz der Lebenslauf,
Den Tod ins Herz mir schreibe!

(Deutsches Gebet, 17. Jahrhundert)

Nach rabbinischer Tradition hat der Schutzengel des Menschen drei Aufgabenfelder: Er verhindert die Verfolgung durch böse Geister, was besonders auf Reisen Not tut. Er inspiriert den Menschen, sich richtig zu verhalten gegenüber Gott und Mitmenschen. Er berichtet haarklein Gott über das Verhalten seiner menschlichen Schutzbefohlenen und bringt Gottes Urteil mit zurück. So sind diese Engel immerfort unterwegs, steigen auf und ab, wie es Jakob im Traum (der Jakobsleiter zum Himmel) gesehen hat. (1. Mos. 28,12), eine Bibelstelle, die auch als Lektion des Gottesdienstes am Michaelstag genutzt wird.

Nach Math. 18,10 hat jedes Kind einen Schutzengel: „Sehet zu, dass ihr nicht jemand von diesen Kleinen verachtet. Denn ich sage euch: Ihre Engel im Himmel sehen allezeit das Ahnengesicht meines Vaters im Himmel.“

Die Vorstellung von einer allgegenwärtigen schützenden Macht, die zu allen Zeiten im Volksglauben lebendig war, ist von Thomas von Aquin (1226–1276) in die christliche Religion eingebunden worden. Der Wirksamkeit von Schutzengeln haben auch die Reformatoren Luther, Calvin und Zwingli ihr Faszinosum nicht nehmen können. 1871, mit Gründung des Deutschen Reiches, wird Michael als wahrhafter Schutzengel des ganzen Volkes nationalistisch vereinnahmt. Wie entsprechende Bildpostkarten zeigen, ist der Schutzengel auch für die Soldaten des Ersten Weltkrieges gegenwärtig, um nach dessen grausamem Ausgang vorübergehend in der Versenkung zu verschwinden.

*rechte Seite:*

*Leuchterengel mit Spinnenkrone, Holz, gedrechselt, Höhe: 47 cm, Günter Reichel, Pobershau.*

*Szenen mit kleinen Schutzengeln*
*Günter Reichel stellte seine Serie „Die kleinen Schutzengel“ auf den Frühjahrsmessen in Nürnberg, Frankfurt und Leipzig 1998 erstmals vor. Ergänzt durch Petrus, Pfarrer und Teufel sind diese Figuren aus wenigen gleichen Elementen zusammengesetzt. Bei gestalterischer Geschlossenheit ergeben sich durch minimale Änderungen, wie zum Beispiel unterschiedliche Schnittwinkel der Elemente, große Variationen in Haltung und Ausdruck. Bei auffälliger Schlichtheit und moderner Formgebung zeigt die Serie eine wirklich eigenständige Neuerung der erzgebirgischen Miniaturen auf höchstem Niveau. Der große Erfolg ist auch durch den verschmitzten Humor begründet, den Reichel seine Figuren ausstrahlen lässt.*

Die Vorstellung, dass der Schutzengel die Schutzbefohlenen unter seine Fittiche nimmt wie eine Glucke die Küken, überschneidet sich seit dem späten Mittelalter mit dem „Mantelschutz“, einem ursprünglich bis in die Antike zu verfolgenden juristischen Begriff, der teilweise auf Christus, teilweise aber auch auf Maria als „Schutzmantelmadonna“ übertragen wird. Er spielt auch bei der örtlichen Verehrung von Heiligen eine Rolle, etwa bei Barbara, Ursula oder Brigitta: „sub tuum praesidium confugimus“, wir begeben uns unter den Schutz deiner Macht.

Vom Anfang des 16. Jahrhunderts an gibt es in Spanien das Schutzengelfest; später auch in Frankreich. Seit 1608 wird es durch Papst Paul V. im römisch/deutschen Reich eingeführt. 1667 bestimmt Clemens IX. den 1. Sonntag im September als Festtag der Schutzengel.

Johann Agricola hat 1529 in der Sammlung seiner Sprichtwörter (Nr. 555) auch den Schutzengel erfasst: „Du hast eynen gutten Engel gehabt“. Das bedeutet: „Wer nun in eynem Vngluck und schwinden Vnfall gewesen ist, und yhm wirt geholffen, da alle menschen verzagten, von dem sagt man, Der hat eynen gutten Engel gehabt, der yhm geholffen hat.“ Der Engel verhindert im letzten Moment, dass man durch leichtsinnige Reden sich in Verlegenheit bringt.

Ein sehr alter Segen war und ist im deutschen, niederländischen und skandinavischen Sprachgebiet verbreitet. Ähnliche Segen kamen in England, Frankreich, Spanien und Italien vor. Die älteste schriftliche Fixierung von 1529 spricht nicht von 12 wie üblich, sondern von 14 Engeln, womit offensichtlich eine Verbindung besteht zu den 14 Nothelfern:

„Awens wann wi te Bedde gatt –
Vertien Engelkes bi mi statt –
Twe ten Höften
Twe ten Fäuten
Twe ter Rechten
Twe ter Linken
Twe dä mi decket
Twe dä mi wecket
Twe dä mi wist
Int hillige Paradis“.

Es gab im 19. Jahrhundert wohl keinen Verlag für die populären, lithographierten Wandbilder, der im Repertoire von Reproduktionen auf das Motiv des Schutzengels verzichtet hätte. Um möglichst viele Kunden zu erreichen, kam es darauf an, „für alle Konfessionen geeignet“ zu arbeiten. Damit warb man auch.

Die lithographische Schnellpresse lieferte ungeheure, billige Auflagen, die oft fertiggerahmt als Gemäldeersatz auch in jenen Heimen landeten, die sich ein „echtes Bild in Öl“ nie hätten leisten können. Das häufigste gebotene Motiv dieser bunten Schutzengelszenen ist als populäres Wandbild die Bewahrung von Kindern vor dem unmittelbar bevorstehenden Unfall, den Sturz in den Abgrund oder ein tiefes Wasser. Einen sicheren Weg zu haben meint im übertragenen Sinn auch einen sicheren Weg auf der Pilgerfahrt durch das irdische Leben. So sind diese Bilder nicht etwa für (ohnehin nicht vorhandene) Kinderzimmer gedacht, sondern als Metapher für das menschliche Leben schlechthin. Ohne den Schutz Gottes und der Engel geht es wörtlich „bergab“. Das „Abkommen vom rechten Wege“ leiten der Teufel und die eigene Kleingläubigkeit ein. Der Schutzengel führt nach Gottes Geheiß auf den rechten Weg. So sind diese Drucksachen bildliche Umsetzungen, etwa des Pilgersegens oder der biblischen Geschichte von Tobias, den Raphael auf seinem Wege begleitet und führt.

Schutzengel am Abgrund, populäres Wandbild der Firma Kunstanstalt May, Aschaffenburg (ehem. Frankfurt), um 1910 (noch heute lieferbar). (AM)

Schutzengel an der Brücke, Wandbild der Firma Kunstanstalt May, Aschaffenburg (ehem. Frankfurt), um 1910. (AM)

Schutzengel bewacht Weihnachtsschlaf, Postkarte, Chromolitho, versandt 1906. (AM)

Schutzengel behütet Schlaf, Fotopostkarte, 1901. (AM)

Als populäre Wandbilder ebenfalls sehr beliebt ist neben dem Schutzengel der „Flugengel“, der ein Kind auf dem Arm in den Himmel trägt. „Zu Gott“ ist derlei betitelt und geht zurück auf eine heute verschollene Zeichnung Wilhelm von Kaulbachs (1805–1874), „Der Engel“ (1858). Das Motiv steht auch im Zusammenhang mit den Medaillons von Thorvaldsen (1815), als Abgüsse weit verbreitet, so auch im Jenisch Haus, oder, Diese Bilder illustrieren offensichtlich auch ein Märchen von Hans Christian Andersen: „Der Engel“. Buch, Bild und Märchen sind Popularisierungen der Seelenreise des Verstorbenen, geleitet durch Michael, der am Sterbebette die Seele empfängt, trägt und schützt. Gemessen an der Kindersterblichkeit im 19. Jahrhundert, besonders in den ärmeren Familien, hat diese Verniedlichung etwas ungemein Tragisches, ist das Kind doch in Wahrheit oft durch elende Wohnverhältnisse, schlechte Ernährung, Krankheit oder Arbeitsunfall zu Tode gekommen. Fromme Kinder haben sich abends beim Nachtgebet, das oft auch ein Motiv der popupären Bilder ist, an Gott und seine Engel zu wenden.

Wenn die Kinder schlafen ein,
wachen auf die Sterne,
und es steigen Engelein nieder aus der Ferne;
halten wohl die ganze Nacht
bei den frommen Kindern Wacht.
(Friedrich Güll)

*

Lieber Gott und Engelein,
lasst mich fromm und gut sein,
lasst mir doch auch mein Hemdlein
recht bald werden viel zu klein.

*

Die Englein haben's Bett gemacht,
die Federn fliegen runter;
am Tage schlafen sie,
zur Nacht, da sind sie munter.
Wären sie nicht munter zur Nacht,
wer hätte dann die Kinder bewacht?

Hans Christian Andersen: Der Engel

„Jedes Mal, wenn ein gutes Kind stirbt, kommt ein Engel Gottes zur Erde hernieder, nimmt das tote Kind auf seine Arme, breitet die großen, weißen Flügel aus und pflückt eine ganze Hand voll Blumen, die er zu Gott hinaufbringt, damit sie dort noch schöner als auf der Erde blühen. Gott drückt dann alle Blumen an sein Herz, aber der Blume, die ihm die liebste ist, gibt er einen Kuss ... Siehe, alles dieses erzählte ein Engel Gottes, indem er ein totes Kind zum Himmel forttrug, und das Kind hörte wie im Traume; sie flogen über die Stätten in der Heimat, wo der Kleine gespielt hatte ...
Das Kind öffnete seine Augen ganz und sah in des Engels herrliches, frohes Antlitz hinein, und im selben Augenblick befanden sie sich in Gottes Himmel, wo Freude und Glückseligkeit war. Gott drückte das tote Kind an sein Herz, und da bekam es Schwingen wie die anderen Engel und flog Hand in Hand mit ihm.“

Andersen hat in vielen seiner Märchen Erfahrungen mit dem Tod verwendet. Der Theologe und Sterbeforscher Rolf Slot-Henriksen weist nach, dass Andersen diese Motive in mehr als 60 % seiner Märchen benutzte (Slot-Henriksen 1990).

*rechte Seite:*

*Tod des Gerechten, populäres Wandbild, um 1890. (AM)*

*Tod des Sünders, Pendant zum Nebenstehenden. (AM)*

*Trauerengel, Marmor, Altengamme, aufgestellt 1908. (Hi)*

*Kindergrab, Porzellanguss, Form um 1920, verwendet 1944. (Hi)*

Tod des Gerechten

Tod des Sünders

Hier ruhen
Magdalena Wulff
Ferdinand Wulff
Ruhet in Frieden !

Birgit

*Gussengel, Ersatz für Marmor oder Sandstein, um 1910. (AM)*

Die Mitbegründerin der heutigen Todes-Psychologie, Elisabeth Kübler-Ross, hat in einem ihrer Bücher, „Über den Tod und das Leben danach“, über die Erfahrungen von Sterbenden berichtet, wie der persönliche Schutzengel am Sterbebett wieder tätig wird: „Was die Kirche den kleinen Kindern hinsichtlich ihrer Schutzengel erzählt, beruht ... auf Tatsachen, denn es ist ... bewiesen, dass jeder Mensch von seiner Geburt bis zu seinem Tod von Geistwesen begleitet wird. Jeder Mensch hat solche Begleiter, ob sie daran glauben oder nicht, ob sie Jude oder Katholik oder ohne Religion sind, spielt überhaupt keine Rolle ... Es handelt sich um jene Begleiter, die meine kleinen Kinder „Spielgefährten“ nennen. Ganz kleine Kinder sprechen mit ihren „Spielgefährten“ und sind sich dessen ganz bewußt. Doch sobald sie in die erste Klasse kommen, sagen ihre Eltern zu ihnen: „Du bist jetzt ein großer Junge. Du gehst nun zur Schule. Jetzt macht man nicht mehr solche kindischen Spiele.“ Somit vergißt man, dass man „Spielgefährten“ hat, bis man auf dem Sterbebett liegt. Und dann sagt plötzlich eine sterbende alte Frau zu mir: „Hier ist er wieder ... Als ich ein ganz kleines Kind, befand er sich immer bei mir. Aber ich habe ganz vergessen, dass er überhaupt existiert.“

Heutige Sterbeforscher, wie der amerikanische Arzt Raymond A. Moody und der dänische Pfarrer Rolf Slot-Henriksen, haben für ihre Untersuchungen unglaublich viele Berichte von Sterbenden, Kindern wie Erwachsenen, erhalten und können die Engel bzw. Seelenbegleiter genauer schildern. Ein unbeschreiblich helles Licht, das eine Art von persönlichem Charakter hat, ohne eigentliche Gestalt anzunehmen, strömt eine unwahrscheinliche Liebe aus, die den Sterbenden ganz aufnimmt. Das Wesen fragt ohne „gesprochene“ Worte den Sterbenden, ob er bereit sei, seinen Körper zu verlassen. Die Wiedererwachten beschreiben, dass sie geradezu widerwillig in den Körper zurückgekehrt wären, den sie unter sich bzw. unter ihrer Seele hätten liegen sehen. Diese Erlebnisse teilen sich dem Sterbenden ganz persönlich mit. Die umstehende Familie oder das Krankenpersonal merken davon nichts. Sie können nur ein seltsames Benehmen des Kranken feststellen. Dagegen werden anwesende Tiere, wie etwa ein Hund oder eine Katze, von Entsetzen gepackt durch die Kraft, die von der übernatürlichen Erscheinung ausgeht, deren Aura sie offensichtlich deutlich wahrnehmen.

So sind diese Momente etwas ganz anderes, als was darauf folgt, nämlich die Bestattung, deren Gestaltung in unserer Gesellschaft von einem „letzten Fest“ immer mehr zu einem lästigen Übel verkommt. So hat sich die herkömmliche, traditionelle Begräbniskultur in unserer Zeit geradezu aufgespalten. Neben den traditionellen Vorstellungen über das Begräbnis eines Familienangehörigen wird für immer mehr Menschen die Bestattung zu einem Problem der Entsorgung, deren Art und Weise Preisbewusstsein und steigende Arbeitslosigkeit diktieren.

*Bertel Thorvaldsen (1768–1844)*
*„Nacht“ und „Morgen“, 1815*
*Marmor, ø 80 cm*
*Thorvaldsens Museum, Kopenhagen*

*Thorvaldsen ist neben Canova der wichtigste Bildhauer des Klassizismus. Die beiden Medaillons waren und sind in Dänemark auch als verkleinerte Nachbildungen so populär, dass sie fast nationalen Symbolen gleichen. Der „Tag“, Eos, schwebt über der Erde, streut die Rosen der Morgenröte über den Himmel und trägt einen Eroten, dessen Fackel das Dunkel vertreibt. Die „Nacht“ trägt nach antiker Überlieferung den „Schlaf“ und den „Tod“ als schlafende Kleinkinder. Die Eule als Tier der Nacht begleitet sie.*

*Bertel Thorvaldsen (1768–1844)*
*Transport des Taufengels für die Frauenkirche von der Fregatte Rota bei Thorvaldsens Heimkehr aus Italien 1838.*
*Putzbild von Jörgen Sonne an der Außenwand des Thorvaldsens Museums, Kopenhagen, 1848.*

*Engel mit Geige, Holz, Höhe: 6,7 cm, Hubrig Volkskunst, Zschorlau/Erzgebirge, gekauft 2000. (AM)*

*Engel mit Posaune, Holz, Höhe: 8 cm, Dregeno, gekauft 2000. (AM)*

*Leuchterengel, Holz, geschnitzt, Satz von 6–10 cm, Schumann, Grünhainichen, gekauft 2000. (AM)*

*Zwei Musikengel, Holz, gedrechselt, Kunert, 2000. (AM)*

*Hornbläser als Christbaumschmuck mit Clip, 2000. (AM)*

*Zwei Musikengel, Holz, gedrechselt, Höhe: 5,8 cm, Erzgebirge, gekauft 2000. (AM)*

*Engelsmusik, Holz, gedrechselt und gesägt, Höhe: 9 cm, Erzi, Grünhainichen / Erzgebirge, gekauft 2000. (AM)*

So wurden in Hamburg (1994) etwa 60 % der Verstorbenen in einer Urne beigesetzt und davon die Hälfte sogar anonym. Der Grund für das Letztere sind die Kosten der Grabpflege. Es bleibt als Trost, dass der Schutzengel in der letzten Stunde sich von weltlichen Erschwernissen nicht abhalten lässt. Er erscheint auch im Mehrbettzimmer des billigsten Altersheims und findet den für Sterbende gern genutzten entlegenen Abstellraum. Er erscheint auch, wenn nach jahrelangem Dahinvegetieren im Pflegeheim die Sinne des Siechen noch einmal aufflackern, im Bewusstsein, dass er wartet, um gemeinsam die letzte große Reise anzutreten.

## Taufengel

Taufengel, wie sie heute noch in vielen Kirchen anzutreffen sind, entstanden seit dem ausgehenden 17. Jahrhundert mit schwebenden plastischen Engelsfiguren in menschlicher Lebensgröße, mit vorgestreckten Armen die Taufschale haltend oder einen Kranz, in die jene eingesetzt werden kann. An einer Kette oder an einem Seilzug befestigt, schweben sie, von der Kirchendecke herabgelassen, zu Pfarrer und Täufling, um nach dem festlichen Taufakt wieder nach oben zu entschwinden, wo sie dann nicht wie ein Taufstein im Wege stehen, sondern in fortbleibendem Schwebezustand der christlichen Inszenierung im Altarraum dienlich sind. Wahrscheinlich geht diese Verbindung von kultischem Gebrauchtsgerät und Engelsfigur von Brandenburg und Ostpreußen aus, wo Taufengel am weitesten verbreitet sind, und strahlte dann in die übrigen protestantischen Landschaften aus, sowie nach Thüringen und Sachsen, nach Niedersachsen und Schleswig-Holstein. Einzelne Taufengel begegnen uns in Dänemark, Norwegen und Schweden. In dieser Tradition steht auch der großartige marmorne, kniende Taufengel von Bertel Thorvaldsen in der Kopenhagener Frauenkirche, der seinerseits eine Menge Nachahmungen in Holz, Gips und Stein innerhalb Skandinaviens gefunden hat. Ebenso schmückt seine Verkleinerung das christliche Heim.

## Liebesengel und Dekorationsputten

Die weiteste Verbreitung in der hohen wie der niederen Kunst, in Kunstgewerbe, Kitsch und auf Gegenständen des täglichen Bedarfs fanden Putten, die ursprünglich auf die antiken Götter Amor bzw. Eros zurückzuführen sind. Amor, der Sohn von Aphrodite und Ares, ein nackter, geflügelter Knabe, macht sich mit Bogen und Pfeil an die Menschen heran, die er durch einen Schuss ins Herz in den Zustand des Verliebtseins versetzt. Plutarch hat den Begriff der Liebe vom körperlichen hinweg zum geistigen Begriff gewandelt, als einen Drang zur philosophischen Erkenntnis. Diese „platonische Liebe“ ist die Grundlage auch für die Art von Liebe, die die Engel den Menschen entgegenbringen. Die römische Kunst hat die Gestalt von Amor vervielfacht und in kleine „Eroten“ verwandelt, die sich als süße, dicke Kleinkinder mit den Tätigkeiten und Werkzeugen der „erwachsenen“ Menschen befassen. Hieraus entstanden die Putten der Renaissancekünstler.

Der Putto wird zum universell einsetzbaren Dekorationsengel ohne ernsthaftere christliche Aufgabe. Die Künstler der Hochrenaissance gestalteten Eros/Amor als „kleines Kind“, italienisch: Putto, dessen Hauptaufgaben Blumenstreuen, Attribute halten oder Schriftbänder tragen waren. Nackt, drall und gesund spielte er in den Bildern oftmals eine leicht humorvolle Nebenfigur. Zunehmend bevölkerten Putten zunächst als himmlische Heerschar auch die Luft über der Krippe, den Stall zu Bethlehem, wo sie den ernsthafteren Amtsengeln bei der Lobpreisung halfen, weil sie sich ganz und gar nicht dazu eigneten, den Hirten etwas zu verkünden oder ihnen den Schrecken über die überirdische Erscheinung der würdigen Amtskollegen zu nehmen: „Fürchtet Euch nicht“. Die Putten eignen sich hingegen vorzüglich zu schwebenden Spielgefährten des Christuskindes, dessen Darstellung als dralles Kleinkind sie in der Gestaltung beeinflussen. Ihnen angepasst wird das Christuskind auf Marias Schoß nackt und bloß dargestellt, ungewickelt. Von nachhaltigster Wirkung für das populäre Engelsbild waren bis in unsere Zeit die beiden Putti am unteren Rand von Raphaels Sixtinischer Madonna von 1513 (Dresden). Losgelöst vom ursprünglichen Zusammenhang entwickeln sie in der populären Graphik ein geradezu unheimliches Eigenleben. Kein Glanzbildalbum kommt ohne mehrere Exemplare von ihnen aus.

*„Weihnachten", Xylographie nach der Zeichnung von G. Erlandsen, um 1890. (AM)*

## Weihnachts-Engel dieser Erde

Auch die zahlreichen Variationen der weihnachtlichen Engelsfiguren entstanden durch Herauslösung aus größerem Zusammenhang. Über den Umweg der Kunst, des Kunsthandwerks und der Weihnachtskrippen entstiegen sie dem biblischen Bericht der Weihnachtsgeschichte. Der Verkündigungsengel und die lobpreisenden Engelscharen bevölkerten zeitweise auch in Massen die populäre Druckgraphik, die als unmittelbare Vorbilder dienen konnten für die Werkstätten des Erzgebirges und Thüringens, von wo die Engel über die Leipziger Messe, Sonneberger Verleger und die Exporteure des Hamburger Hafens in die ganze Welt geflogen sind. Weihnachten ohne Engel ist geradezu unvorstellbar. Weihnachtsengel bilden somit das Hauptkontingent „aller Engel dieser Erde", jedenfalls der käuflichen. Sie prägen unser Engelsbild, ja sind für viele mit diesem identisch, liebe Erinnerung an das Weihnachten der Kinderzeit, an Kerzenschein und Tannenduft.

## Agentur-Engel

Engel lassen sich einzeln oder als Gruppe buchen. Spezialagenturen vermitteln sie. So lässt sich das ganze Jahr über ein Begleitengel mieten, der gegen Geld die gute Tat vollbringt, einen einsamen oder bekennenden Single zu einem offiziellen Empfang zu begleiten. Die Hamburger Christkindagentur hingegen schickt hauptsächlich zu Weihnachten Engel in die Stadt. Regina Wessel und Wolfgang Wydra betreiben seit Februar 1999 eine sehr erfolgreiche Engelagentur in Hamburg: „Send me an Angel". „Unsere Engel treten in Altenheimen, bei Weihnachtsfeiern, in Kindergärten, Läden, Kinos, auf Straßenfesten, aber auch bei Geburtstagsfeiern und Hochzeiten auf. Ich habe rund 50 Engel im Alter ab 16 Jahren unter Vertrag, darunter auch Musiker, Schauspieler und Sänger, die auf Wunsch als Engelschor oder Orchester auftreten oder Geschichten erzählen".

*Engel „Claire“, Fotoserie von Werner Bokelberg aus seinem jährlichen Katalog „Ready to print“ mit 18 000 Werbefotos. Er bietet seit 1991 im Gegensatz zur klassischen Auftragswerbefotografie die konfektionierte Alternative, die für jedes Produkt geordert und eingesetzt werden kann.*

Frau Wessel hat all ihren Engeln selbst Kostüme geschneidert, und sie kommen mit schönen, wippenden Marabufeder-Flügeln dorthin, wo immer sie gewünscht werden. Ursprünglich waren diese Mietengel als Ersatz für den Weihnachtsmann gedacht, vor dem, wie die Erfinderin sagt, die Kinder oftmals Angst hatten.

**Turmengel**

In Lübeck gab es im März 2000 die „Woche der Engel". Als Auftakt seilten sich fünf dortige Pastoren von ihren Kirchtürmen ab, bestaunt von vielen hundert Zuschauern. Dieses Kirchenspektakel war inszeniert von zwei Hamburgern, der Regisseurin Katharina Fleckenstein und dem Theatermacher Michael Batz. Sie wollten die Pastoren „wieder auf den Boden zurückholen", denn viele seien so „abgehoben", dass sie die Menschen nicht erreichen könnten. Es dauerte zwei Jahre, das Projekt zu diskutieren und zu verwirklichen. Nach den waghalsigen Aktionen lief dann eine erfolgreiche Veranstaltungswoche mit Konzerten sowie Installationen von Licht und Video. Jeden Abend verbanden Laserstrahlen die Kirchen der Altstadt miteinander. Dabei gab es auch ein Klopfkonzert im Dachgebälk unter dem Motto „Knocking on heavens door". Die Idee der Kirche, einmal andere Wege zu gehen, war erfolgreich, und die Veranstaltungen wurden von mehreren hunderttausend Menschen besucht.

**Glücksengel**

Pastor Hinrich C. G. Westphal von der Nordelbischen Evangelischen Kirche hat als Öffentlichkeitspfarrer gute Ideen. Er kreierte einen Bronzeengel als Glücksbringer, der etwa 7 cm groß ist, in der Benediktinerabtei bei Münsterschwarbach gegossen wird und für DM 12,– bei seinem Amt für Öffentlichkeitsarbeit zu haben ist: „Je seelenloser unsere Welt zu werden droht, desto mehr wächst die Sehnsucht nach Engeln. Ich verschenkte in den letzten Wochen mehrere kleine Bronzeengel an Menschen in tiefen Lebenskrisen ... Jedes Mal reagierten die Beschenkten sehr bewegt. Nicht, weil sie ihre Hoffnung auf ein Stück Bronze setzten, sondern weil sie dankbar waren für den Zuspruch, weil sie die Botschaft der Engelsfigur verstanden. Es ist die Gewissheit des 91. Psalms: ‚Gott hat seinen Engeln geboten, dass sie dich behüten auf allen Wegen, dass sie dich auf Händen tragen und du deinen Fuß nicht an einen Stein stößt.'"

**Gefallene Engel**

Im neuen Film „End of Days" wird die Welt vom Teufel bedroht, der kurz vor dem Jahre 2000 noch einen Nachkommen zeugen will, was der Held des Lichtspiels, Arnold Schwarzenegger, zu verhindern weiß. Die Teufelsrolle übernahm dabei Gabriel Byrne.

Der Teufel war vor seinem Sturz ein „strahlender Engel". Die Vulgata, die lateinische Bibelübersetzung (385–405 n. Chr.) übersetzt dieses Erscheinungsmerkmal mit dem Namen „Luzifer", der „Bringer des Lichts". Er war der strahlendste und vollkommendste aller Engel, maß sich aber höhere Autorität an, als ihm zukam: Ezechiel: „Du warst das Abbild der Vollkommenheit, voller Weisheit und über die Maßen schön. In Eden warst Du, im Garten Gottes, geschmückt mit Edelsteinen jeder Art ... Du warst ein glänzender, schimmernder Cherub ... Weil sich Dein Herz erhob, dass Du so schön warst, und Du Deine Weisheit verloren hast in all Deinem Glanz, darum habe ich Dich zu Boden gestürzt." Jesaja sagt (14,12–15): „Wie bist du gefallen vom Himmel, du glänzendes Morgengestirn! Wie bist du geschleudert zur Erde, du Völkerbezwinger! Du sprachst wohl in deinem Herzen: Ich will in den Himmel aufsteigen und über die Sterne Gottes meinen Thron erheben und mich auf den Berg des Stifts am äußersten Norden setzen. Ich will zu der Wolken Höhe hinaufsteigen und gleich sein dem Allerhöchsten: Doch zur Unterwelt hinab bist du gestürzt, in des Grabes Tiefen!"

*Lichterengel, Holz, gedrechselt, Arme und Applikationen in Teig, Goldpapier, Höhe: 32 cm, um 1900. (AP)*

*Engel, gedrechselt, Teigarme, Applikationen geprägtes Papier, Höhe: 33 cm, um 1880. (AP)*

*rechte Seite:*

*Engel, Holz, gedrechselt, Höhe: 45 cm, um 1925. (AP)*

*Leuchterengel, Holz, gedrechselt, Arme, Füße, Kragen aus Teig, Höhe: 48 cm, um 1920. (AP)*

*Engel, gedrechselt, Teigarme und Applikationen, Höhe: 26 cm, um 1910. (AP)*

*Zwei gleiche Engel, Serienproduktion, Varianten der Malerei, Höhe: 29 cm, um 1930. (AP)*

In der Offenbarung des Johannes (12,3 ff.) steht zu lesen, wie Luzifer dabei ein Drittel der Sterne mit sich hinabreißt: „Ein großer feuerroter Drache mit sieben Köpfen, zehn Hörnern und auf seinem Kopfe sieben Diademe. Sein Schwanz zog den dritten Teil der Sterne des Himmels nach sich und warf sie auf die Erde."

Das äthiopische Buch Henoch, das nicht in die Bibel aufgenommen, sondern Teil der Apokryphen ist, zeigt den eigentlichen Grund für Luzifers Sturz: „Nachdem die Menschenkinder sich gemehrt hatten, wurden ihnen in jenen Tagen schöne und liebliche Töchter geboren. Als aber die Engel, die Himmelsöhne, sie sahen, gelüstete es sie nach ihnen, und sie sprachen untereinander: ‚Wohlan, wir wollen uns Weiber unter den Menschen Töchtern wählen und uns Kinder zeugen.'"

„Sie wurden aber schwanger und gebaren 3000 Ellen lange Riesen, die den Erwerb der Menschen aufzehrten. Als aber die Menschen ihnen nichts mehr gewähren konnten, wandten sich die Riesen gegen sie und fraßen sie auf, und die Menschen begannen sich an den Vögeln, Tieren, Reptilien und Fischen zu versündigen, das Fleisch voneinander aufzufressen und tranken das Blut." (Apokryphen 303 f.)

Zwischen den höchsten Himmeln und der tiefsten Hölle tummeln sich allerlei schreckliche Gestalten. Sie gefährden die Reise der Seele durch den Luftstrom der sublunaren Welt. Dort entstehen durch ihr Wirken allerlei Plagen und Unwetter, sämtlich Zeichen des Bösen, das hier seine Heimstatt hat und all dies Unangenehme auslöst. Dort sind die „Bösen Geister unter dem Himmel", von denen Paulus in seinen Briefen an die Ephesische Gemeinde warnt. Die Kirchenväter, aber auch Luther, glaubten fest an die Existenz dieser bösen Gegenwelt im Luftraum: „In ihn stürzte Luzifer mit den Seinen, als er von Gott abfiel. Er fiel bis in den Dunstkreis der Erde, blieb förmlich stecken in der dicken Luft, in der wir Menschen leben, und verlor hier seinen Ätherleib. Luzifer wurde Satan und herrscht seitdem in der Finsternis, gemeinsam mit seinen Knechten ... Auch die heidnischen Götter, Dämonen und Geister wurden in den Luftraum gestoßen, wo sie, vereint mit den toten Seelen, die keine Ruhe fanden, als die wilden Heere durch die Luft jagen." (Michel, 1999).

Die christliche Kirche hatte klugerweise durchaus den Volksglauben an Elfen, Trolle und Unholde zu integrieren gewusst. Sie erklärte, alle Fabelwesen seien einfach wie die Dämonen den gefallenen Engeln zugehörig, von Gott wegen mangelhafter Qualität auf die Erde verbannt. So tanzen Elfen munter weiter auf der Waldlichtung, Zwerge, Erdleute und Trolle entsteigen ihren Hügeln, ohne sich von neuen Kathegorisierungen beirren zu lassen. Der Volksglaube ordnet bis heute schwarze Vögel den Unholden zu bzw. sieht die Vögel als deren Materialisierung an. Der Widerwille hat alte Ahnen. Ursprünglich kirchlich gesteuert, richtete er sich gegen die schwarzen Raben von Odin, Hugin und Munin.

Die Abscheu gegen solche Tiere der Nacht zeigte sich kürzlich in der allgemeinen Reaktion auf die Krähenplage auf dem Ohlsdorfer Friedhof. „Auf dem Ohlsdorfer Friedhof waren in den letzten Wochen ständig Grabanlagen von Krähen zerstört worden. Über die Ursache dieser Zerstörungswut war ein Streit zwischen Jägern, Vogelkundlern und Abendblatt-Lesern entbrannt. Ist es der Spieltrieb der Krähen oder suchen sie nach Nahrung und zerwühlen sie dabei aus Versehen die Gräber?" (Abendblatt 16. 5. 91). Schließlich erging eine Sondergenehmigung zum Abschuss der Vögel durch das Naturreferat. Die Krähen verschwanden. Der Erfolg war wohl weniger durch den Abschuss zu erklären, als durch das veränderte Verhalten der Friedhofsbesucher, die nach dem Zeitungsbericht aufgehört hatten, die Vögel zu füttern. Dabei sind die Tiere ganz

*Pyramiden-Leuchterengel mit zweifachem Klingspiel, Holz, gedrechselt, Arme und Füße aus Teig, Glanzbilder, Höhe: 40 cm, Erzgebirge um 1890. (AP)*

*Engelswurz (Archanglica officinalis)*

harmlos. Die Rabenkrähe, Corvus corone corone, gräbt keineswegs nach Leichenteilen, sondern jagt nach Kleintieren, Eiern, Insekten, Körnern und Beeren.

**Heilsame grüne Engel**

Es gibt eine ganze Anzahl von Pflanzen, die seit alter Zeit mit den Engeln und ihrem Wirken verbunden werden und denen oftmals eine heilkräftige Natur inne wohnt.

**Engelswurz** oder Heiliggeistwurz (Archangelica off.) Weitere Volksnamen: Angelica, Brustwurz, Giftwurz, Heiligenbitter, Theriakwurz, Waldbrustwurz, Zahnwurzel. Dieser stattliche Doldenblütler wird über 2 m hoch. Wir finden ihn in Deutschland nur noch selten wild, etwa an der Ostseeküste oder in den Elbtalauen. In Gärten allerdings wurde er in Deutschland schon im 14. Jahrhundert kultiviert und ist wahrscheinlich aus den Kräutergärten der Klöster verbreitet worden, weshalb er von Heiltränken kommend später in Kräuterschnäpsen Verwendung fand. Den volkstümlichen Namen Engelswurz erklärt Tabernaemontanus in seinem Kräuterbuch von 1588: „Umb seiner für träffentlichen Krafft und Tugendt willen als wenn der Heilige Geist selber oder die lieben Engel dem menschlichen Geschlechte dises Gewächs und heylsame Wurtzel geoffenbart hetten." Der starke Geruch der Pflanze machte sie geeignet, Gift, Pestilenz und böse Luft, die Krankheiten verursachte, abzuwenden. In Frankreich hing man bis in jüngste Zeit die getrockneten Wurzeln den Kindern um den Hals, um sie vor Zauberei zu schützen. Schon 1543 sagt Fuchs in seinem Kräuterbuch: „Diss kraut bey sich zetragen sol gut für allerley zauberey sein". Es wehre auch Hexen ab.

Die Wirkstoffe der Pflanze sind ätherische Öle, Bitterstoffe, Gerbstoffe, Furanocumarine, Harze, Wachs, Stärke und Pektinzucker. Die Heilkraft beruht vor allem auf den ätherischen Ölen und den Bitterstoffen.

Diese fördern die Verdauung und lassen sich gegen Blähungen einsetzen, besonders wegen der desinfizierenden Eigenschaften. Auch können leichte Krämpfe gelöst werden, was die Pflanze zum Hustenmittel geeignet macht. In der Volksmedizin nutzte man sie auch für Krämpfe der kleinen Kinder, bei Rheuma, Gicht, seltsamerweise auch bei Alkohol- und Nikotinvergiftung. In Wein angesetzt, ist sie ähnlich wie Pepsin-Wein eine vorzügliche Verdauungshilfe. Geerntet wird der getrocknete Wurzelstock. Dabei muss man sich tunlichst davor hüten, die Pflanze mit dem giftigen Wasser-Schierling zu verwechseln. Die Wurzel wird getrocknet, sie verströmt ein starkes Aroma, das allerlei Insekten anzieht. Als Tee kann man zwei bis drei Tassen pro Tag vertragen. Dafür werden zwei Teelöffel in $^1/_4$ l kaltem Wasser aufgesetzt, aufgekocht und zwei Minuten ziehen gelassen. Für Wein hingegen setzt man einem Liter Mosel 50 g fein geschnittene Wurzel zu, die 5 Tage ziehen muss. Die Dosis davon ist ein Südweinglas. Möglicherweise hat der Name Engelswurz auch eine ganz andere Bedeutung. Die Pflanze ist nämlich auch zur Provokation von Aborten, also als Abtreibungsmittel benutzt worden, wenngleich Apotheker heute glauben, dass dies kaum zum „Erfolg", sondern eher zu Vergiftungen und Lähmungen des Zentralnervensystems geführt haben kann. Da tote Kinder und Föten aber gemeinhin als „Engel" bezeichnet wurden, ist die vormalige Nutzung der Pflanze für diesen Zweck sehr wahrscheinlich.

**Michelswurz** (Colchiam autumnale)
Diese Pflanze trägt eine Fülle anderer volkstümlicher Namen. Den Gartenbesitzern ist sie als Herbstzeitlose bekannt. Das auf den Feuchtwiesen Süddeutschlands häufige Zwiebelgewächs findet sich im Norden selten wild und ist wahrscheinlich aus Gärten verwildert. Die krokusähnliche Blüte ist auffällig, blüht sie doch im Gegensatz zu den anderen Wiesenblumen erst im Herbst auf. Die giftige Zwiebel ist heilkräftig, solange man sich auf „äußerliche Anwendung", etwa gegen Kopfläuse, beschränkt, oder sie als Amulett getragen wird, wie im 17. Jahrhundert gegen die Pest. In Thüringen haben die Frauen die ersten Blüten der Herbstzeitlosen zwischen ihren Fingern zerrieben, damit diese beim Spinnen im Winter widerstandsfähig wurden. Sie nannten sie daher „Spinnblume". Andernorts rieb man sie auf die Augenlider, um in der dunklen Stube beim Spinnen nicht einzunicken. Sie erhielt daher dort den Namen „Lichtblume". Das Gift der Michelswurz ist außerordentlich kräftig, sogar noch wirksam in der Milch von Ziegen, die davon versehentlich gefressen haben. Das Colchicin wird u. a. noch in Gichtmitteln eingesetzt. Man nutzt es auch in der Genetik, um die Chromosomenzahl der Pflanzen zu vervielfachen, so dass davon auszugehen ist, dass es möglicherweise auch bei Säugetieren und Menschen zu Schäden der Chromosomen führen kann.

**Engelsüß** (Polypodium vulgare)
Auch für diesen kleinen Farn gibt es zahlreiche Volksnamen: Bauernfarn, Eichenfarn, Erdfarn, Insüß, Otternkraut, Süßholz, Steinlakritze, Wrangenwurzel usw. Er gedeiht an Felsen und Mauern, teilweise auch auf alten Bäumen. Er schmeckt süß und wurde gelegentlich Kindern als eine bescheidene Leckerei gegeben. Die Wurzel tat man auch Stubenvögeln ins Trinkwasser, damit sie mit schöner, „süßer" Stimme trällerten. Als Hausmittel wird Engelsüß von alters her gegen Asthma, Verschleimung, Husten eingesetzt und auch gegen Appetitlosigkeit, Verstopfung, Gelbsucht, Rheuma und Gicht. Geerntet wird im Herbst der Wurzelstock, den man trocknet. Zwei bis drei Esslöffel davon mit $^1/_4$ l kaltem Wasser angesetzt werden zum Sieden gebracht und 5 Min. ziehen gelassen. Zwei bis drei Tassen täglich davon sind zuträglich. Die Ernte erfolgt im Herbst. Man kann die Wurzelstöckchen gelegentlich auch zerkleinert in fertigen Bronchialtees aus der Apotheke entdecken, ehemals auch in den Tees für Blutreinigung, Galle und Leber. Die Inhaltstoffe der Pflanze sind ätherisches Öl, Gerbstoffe, Bitterstoffe und

*Engel, Bleiguss, Zinnmontierung, bemalt, Höhe: 29,5 cm, um 1900. (AP)*

*Engel, Friede auf Erden, Floraler Rahmen, Holz, geschnitzt, Höhe: 55 cm, um 1880. (AP)*

*rechte Seite:*

*Bornkinnel (Christkind), Körper aus Holz und Pappe, Kaninchenfell, Kopf aus Papiermachéguss, Glasaugen, Holzflügel, Höhe: 42 cm, Westerzgebirge um 1900. (AP)*

*Engel, Körper aus Packpapier, auf Flasche, Masse-Puppenkopf, Goldpapier, Glasapplikation, Flasche als Ständer, Höhe: 49 cm, um 1935/40. (AP)*

*„Schwebengel" (Engelkrone), Holz mit Masseüberzug, geschnitzt und bemalt, Messingleuchter, Figur: 43 cm hoch, 2. Hälfte des 19. Jahrhunderts. (AP)*

*Joch-Engel, Holz, gedrechselt und gesägt, Arme, Gesicht, Applikationen und Fugen in Teig, Höhe: 47 cm, Carl Gottlieb Timmel, Kühnhaide (1830–1919), um 1860. (AP)*

Ehre sei Gott in der Höhe

Sapanine. Eines von ihnen verursacht den süßen Geschmack.

**Engelkraut** (Drosera Rotundifolia)
Man nennt die Pflanze auch Sonnentau, Fliegenfalle, Himmelstau, Jungferntröpfchen oder Marienträne. Auf unseren Hochmooren findet man sie heute nur noch selten. Sie ist vom Aussterben bedroht und daher geschützt. Ehemals war Sonnentau ein vorzügliches Husten- und Asthmamittel, wurde sogar bei Schwindsucht der Lunge eingesetzt. Kaut man jedoch die frischen Blätter, führen diese zum Erbrechen und Durchfall.

**Zu guter Letzt:** Alle Engel dieser Erde
So weit und bis hierher gelangt, werden Sie mir beipflichten, dass Engel, auch wenn sie uns nahe sind, schwer erkennbar, unfassbar und schon gar nicht zu beschreiben sind. Wir vermögen uns an ihr Bild nur herantzutasten, an die Grenzen zu gelangen, von dem, was Engel zu sein scheinen. Durch eine Vielzahl unterschiedlicher Annäherungen entstand ein unscharfes Gebilde, eine sozusagen reziproke Gestalt ohne feste Substanz. In diese Schemen projizierte jeder von uns sein persönliches Engelsbild, das stark beeinflusst ist von dem der Kunst und des Kunsthandwerks und besonders auch auf die Engel der Weihnachtszeit zurückgreift.

Ich habe meine Gedanken über die Engel in der uns Menschen einzig möglichen Art mitgeteilt, in „Sprache", also dem Vermögen, „seine Gedanken einem anderen Menschen mitzuteilen", wie Thomas von Aquin sagt (Quaestiones disputatae). Leider seien die inneren Gedanken im Menschen doppelt verborgen „durch die Dichte seines Körpers" und die „menschliche Opazität", unsere Lichtundurchlässigkeit. Darin unterscheiden wir uns grundlegend von den körperlosen Engeln, die diesen Beeinträchtigungen nicht unterworfen sind. Beim Engel ist Sprache nämlich totale Transparenz, ein Traum, dem der Mensch auch im elektronischen Zeitalter nur ein ganz kleines Stück näher gekommen ist. Kommunikation zwischen und mit Engeln ist dagegen ganz unmittelbar, nicht verzerrt durch Laute der Sprache, nicht der Gefahr unterworfen, falsch verstanden zu werden, nicht unter dem Zwang, beantwortet werden zu müssen. Engelische Sprache ist Licht zu Licht, eine Vision von Herz zu Herz. Wer sie erlebt hat, vermag das Geschaute anderen Menschen nicht mitzuteilen. Wenn überhaupt, dann nur anderen Engeln, die verzeihend schmunzeln über einen, der für einen kurzen Hauch der Ewigkeit ein bisschen zu ihnen gehörte.

*Torkild Hinrichsen*
Kirchwerder, im September 2000

# Verwendete und weiterführende Literatur


Andersen, 1996: Andersen, Jørn (red.): Holy Air Force (Ausstellungskatalog). Kolding 1996.

Angenendt, 1997: Angenendt, Arnold: Geschichte der Religiösität im Mittelalter. Darmstadt 1997.

Apokryphen, 1985: Wedinger, Erich: Der Apokryphen. Verborgene Bücher der Bibel. Aschaffenburg 1985.

Baeumerth, 1982: Baeumerth, Karl und Angelika: Raffael und kein Ende. Marburg 1982.

Baeumerth, 1999: Baeumerth, Karl und Angelika: Die Engel der Sixtina. Eine deutsche Karriere. Regensburg 1999.

Bandini, 1995: Bandini, Pietro: Die Rückkehr der Engel. Von Schutzengeln, himmlischen Boten und der guten Kraft, die sie uns bringen. Bern 1995.

Berefelt, 1968: Berefelt, G.: A study in the winged angel. The origin of a motiv. Stockholm 1968.

Berger, 1991: Berger, Peter L.: Auf den Spuren der Engel. Die moderne Gesellschaft und die Wiederentdeckung der Transzendenz. Freiburg 1991.

Bernhardt, 1934: Bernhardt, J.: Der Engel des deutschen Volks. München 1934.

Bilderfabrik, 1973: Brückner, Wolfgang und Pieske, Christa: Die Bilderfabrik. Begleitbuch zur Wanderausstellung des Instituts für Volkskunde, Frankfurt. Frankfurt / M. 1973.

Brückner, 1974: Brückner, Wolfgang: Elfenreisen – Hochzeitstraum. Die Öldruckfabrikation 1880–1940. Köln 1974.

Donadio, 1997: Donadio, Antonella: Das kleine Buch der Engel. München 1997.

Freeman, 1994: Freeman, Eileen Elias: Himmlische Begleiter. Bergisch-Gladbach 1994.

Geuter, 2000: Geuter, Elfriede: Die Rückkehr der Engel. In: Psychologie heute, Juli 2000, S. 28–32.

Giovetti, 1993: Giovetti, Paolo: Engel, die unsichtbaren Helfer der Menschen. München 1993.

Godwin, 1991: Godwin, Malcolm: Engel. Eine bedrohte Art. Frankfurt 1991.

Götz, 1999: Götz, Norbert (ed.): Friedensengel. Bausteine zum Verständnis eines Denkmals der Prinzregentenzeit. Katalog zur Ausstellung im Münchener Stadtmuseum. München 1991.

Hark, 1993: Hark, H.: Mit den Engeln gehen. Die Botschaft unserer spirituellen Begleiter. München 1993.

Harvolk, 1991: Harvolk, Edgar: Bilder, Bräuche, Bruderschaften: Aspekte der Engelverehrung, In: Götz, 1999, S. 89–100.

Hauck, 1995: Hauck, Rex.: Engel, die unsichtbaren Boten. Berichte und Interviews über Begegnungen der seelischen Art. München 1995.

Hegemann, 1950: Hegemann, H. W.: Der Engel in der deutschen Kunst. München 1950.

Held, 1995: Held, Heinz Georg: Engel. Geschichte eines Bildmotivs. Köln 1995.

Hinrichsen, 1979: Hinrichsen, Torkild: Nøgle og lås til Himmel og Helvede. Michael og Satan. In: ICO. Den iconografiske Post, 4/1978, S. 11–23.

Hinrichsen, 1992: Hinrichsen, Torkild: Die Sehnsucht nach dem Licht. Ausstellung im Altonaer Museum. Katalog. Hamburg 1992.

Hinrichsen, 1993: Hinrichsen, Torkild: König Nußknacker. Ausstellung im Altonaer Musem. Katalog. Hamburg 1993.

Hinrichsen, 1994: Hinrichsen, Torkild: Der Duft des Himmels. Ausstellung im Altonaer Museum in Hamburg. Katalog. Hamburg 1994.

Hinrichsen, 1995: Hinrichsen, Torkild: Das gläserne Paradies. Ausstellung im Altonaer Museum. Katalog. Hamburg 1995.

Hinrichsen, 1996: Hinrichsen, Torkild: Spielzeug, ein Kindertraum. Begleitbuch zur Sonderausstellung im Altonaer Museum. Husum 1996.

Hinrichsen, 1997: Hinrichsen, Torkild: Spielzeug aus Sonneberg. Ausstellung im Altonaer Museum. Katalog. Hamburg 1997.

Hinrichsen, 1998: Hinrichsen, Torkild: Puppen aus Thüringen. Begleitbuch zur Sonderausstellung im Altonaer Museum. Königstein 1998.

Hinrichsen, 1999: Hinrichsen, Torkild: Weihnachten in Norddeutschland. Begleitbuch zur Sonderausstellung im Altonaer Museum. Husum 1999.

Horáková, 1999: Horáková, Dana: Es war einmal ein Himmel. In: Welta, 26. 12. 1999, S. 39.

Knapp, 1999: Knapp, Gottfried: Engel. Eine himmlische Komödie. München 1999.

Koßak, 1993: Koßak, M.: Selbstanfertigung von Christbaumschmuck. Lehrmeister-Bibliothek Nr. 21. Leipzig o.J. (ca. 1920).

Kraft, 1992: Kraft, Heike (ed.): Alle meine Engel. Unheilige und heilige Geschichten über die himmlischen Heerscharen. Zürich 1992.

Krauss, 2000: Krauss, Heinrich: Die Engel. Überlieferung, Gestalt, Deutung. München 2000.

Krützem, 1991: Krützem, Michaela: Das Unglück der Menschen und das Leiden der Engel. Der eine oder andere Engel im Film. In: Kunst und Kirche 4/91.

Kübler-Ross, 1969: Kübler-Ross, Elisabeth: Über den Tod und das Leben danach (On Death and Dying). 1969.

Lauter, 1989: Lauter, Wolfgang: Engel. Begegnung mit himmlischen Wesen. Dortmund 1989.

Lederle, 1999: Lederle, J.: Kitsch oder Offenbarung? Das ambivalente Bild der Engel im gegenwärtigen Film. Vortrag auf der Tagung der katholischen Akademie „Rückkehr der Engel. Religiöse Spuren im Film". 1999.

Michel, 1999: Michel, Markus: Ein Schwirren zwischen Himmel und Erde. Über das Wesen der Engel. In: FAZ 24. 12. 1999.

Moody, 1988: Moody, Raymond A.: Lyset fra den anden side. København 1988.

*Grabengel, Galvanoplastik, Ohlsdorfer Friedhof, Foto: Waltraud Orth.*

*Der Ohlsdorfer Friedhof weist noch 158 galvanoplastische Grabfiguren auf, die meisten zwischen 1900 und 1910 entstanden. Das technische Verfahren, 1837 von M. H. Jacobi entdeckt, eignet sich zu massenhaften Vervielfältigung von Plastiken mit dem Charakter gegossener Bronze-Standbilder. Entsprechende „Kunstanstalten" gab es in Köln-Lindenthal, Heiligenhaus-Düsseldorf und Geislingen, letztere ein Zweig der Würtembergischen Metallwarenfabrik WMF. Das plastische Original des Bildhauers wird negativ abgeformt und durch Gipsausgüsse vervielfältigt. Diese werden mit Graphit elektrisch leitend gemacht und in einem galvanischen Säurebad elektrolytisch mit dünner Kupferschicht überzogen. So entsteht relativ preisgünstig ein imposantes plastisches Gebilde, das sich durch minimale Umformungen variieren lässt, etwa mit und ohne Flügel, Austausch des Beiwerks usw. Die alten Formen von WMF sind übernommen von der Kunstgießerei Ernst Strassacker in Süssen. Diese Firma bietet auch moderne Gussengel an.*

Moolenburgh, 1993: Moolenburgh, H. C.: Engel als Beschützer und Helfer der Menschheit. Freiburg 1993.
Matter, 1997: Matter, Astrid: Himmelsbote. Überirdisches Flugblatt zur Ausstellung „Vom Himmel hoch. Engel nicht nur zur Weihnachtszeit". Freilichtmuseum Kiekeberg 1997.
Ohlsdorf, 1999: Museum Friedhof Ohlsdorf (ed.): Engel. Wächter über Leben und Tod. Materialhefte zur Ausstellung 1–5. Hamburg 1999.
Pahlow, 1993: Pahlow, M.: Das große Buch der Heilpflanzen. München 1993.
Peterson, 1955: Peterson, Erik: Das Buch von den Engeln. München 1955.
Pichler, 1997: Pichler, C. (ed.): Engel. Legenden der Gegenwart. Darin: Nei, N.: Die schreckliche Ubiquität der Engel. – Macho, T.: Himmlisches Geflügel. – Plesu, A.: Engel. Elemente für die Theorie der Nähe. Wien 1997.
Pieske, 1977: Pieske, Christa: Bürgerliches Wandbild 1840–1920. Katalog der Ausstellung. Göttingen 1977.
Pieske, 1986: Pieske, Christa: Engel zu Gott – Bildmotiv und Glaubensvorstellung. In: Beiträge zur Volkskunde in Niedersachsen 3/1986, (Reinhausen) 1986, S. 107–129.
Pieske, 1988: Pieske, Christa: Das Schutzengel-Motiv in der Populargraphik. In: Jahrbuch für die Volkskunde 1988.
Roemann, 1993: Roemann, Angelika: Wa(h)re Engel. Ausstellungskatalog des Museums Zons. Burg Friedestrom 1993.
Rosenberg, 1967: Rosenberg, Alfons: Engel und Dämonen. Gestaltwandel eines Urbildes. München 1967.
Schroeder, 1993: Schroeder, Hans-Werner: Mensch und Engel. Die Wirklichkeit der Hierarchien. Stuttgart 1993.
Serres, 1995: Serres, M.: Die Legende der Engel, Frankfurt 1995.
Slot-Henriksen, 1984: Slot-Henriksen, Rolf: Dødsoplevesen, I, II. Gylling 1984.
Slot-Henriksen, 1990: Slot-Henriksen, Rolf: Der er mere mellem Himmel og Jord. Vejle 2/1990.
Sperling, 2000: Sperling, Renate: Edelsteine. Magie und Heilkräfte. Wien 2000.
Steiner, 1991: Steiner, Rudolf: Vom Wirken der Engel und anderer hierarchischer Wesenheiten. o. O. 1991.
Thormann / Leisner, 1997: Thormann, E., Leisner, B., Schoenfeld, H.: Zur Galvanoplastik zwischen Originalansprüchen und massenhafter Produktion. Schriftenreihe des Förderkreises Ohlsdorfer Friedhof, Nr. 8. Hamburg 1997.
Wolff, 1994: Wolff, Uwe: Das große Buch der Engel. Freiburg 1994.